AF360766

PARIS IMPRIMERIE DE BOURGOGNE ET MARTINET,
Rue Jacob, 56.

NAPOLÉON.

CORRESPONDANCE

DE

NAPOLÉON

AVEC

LE MINISTRE DE LA MARINE

DEPUIS 1804 JUSQU'EN AVRIL 1815,

EXTRAITE D'UN PORTEFEUILLE DE SAINTE-HÉLÈNE.

TOME PREMIER.

PARIS,

DELLOYE ET V. LECOU, LIBRAIRES-ÉDITEURS,

RUE DES FILLES-SAINT-THOMAS, 5, PLACE DE LA BOURSE.

1837.

AVERTISSEMENT DE L'ÉDITEUR.

Voici la première publication qu'on ait encore faite de lettres de Napoléon à son ministre de la marine. Presque tous les documents précieux qui les accompagnent et les complètent étaient de même entièrement inédits. On n'avait eu jusqu'à ce jour que des données indirectes et vagues sur toute cette partie importante de la politique sous l'empire.

Personne n'ignore le nom de l'officier-général auquel a été confié le précieux dépôt des portefeuilles de Sainte-Hélène. C'est à son obligeance désintéressée que nous devons de pouvoir éditer cette correspondance; c'est donc à lui qu'il serait juste de faire remonter la meilleure part de l'approbation publique, s'il nous était permis d'en espérer aucune pour avoir eu la simple pensée d'ajouter quelques matériaux à l'histoire du plus grand génie du siècle.

Cet avis est au reste le seul qui soit ici nécessaire. Il ne peut y avoir lieu, en tête ij

d'un ouvrage de ce genre, à une notice bio-
graphique, et encore moins à une préface
apologique. Ce serait assurément une ridicule imagination de vouloir recommander à
l'attention ou au suffrage des lecteurs un livre
dont chaque page est signée par Napoléon.
Un tel auteur n'a pas à courir les chances
ordinaires de la publicité : tout ce qui émane
de lui est jugé, par avance, comme importance, soit historique, soit littéraire. Le rôle
de l'éditeur doit occuper le moins de place
possible et se réduire en quelque sorte à deux
mots : Ouvrez et lisez.

TABLE

DES LETTRES ET DOCUMENTS

CONTENUS DANS LE TOME PREMIER.

FIN DE LA TABLE DU TOME 1er.

CORRESPONDANCE
DE NAPOLÉON

AVEC LE

MINISTRE DE LA MARINE,

Depuis 1804 jusqu'en avril 1815,

EXTRAITE D'UN PORTEFEUILLE DE SAINTE-HÉLÈNE.

Saint-Cloud, le 11 floréal an 11 (1er mai 1804).

MONSIEUR DECRÈS, je n'ai pu voir qu'avec beaucoup de mécontentement que, malgré mon intention bien soutenue que les vaisseaux en rade de Brest levassent l'ancre tous les jours, afin d'exercer les équipages, de harceler l'ennemi et de favoriser le passage de la flottille d'Audierne, aucun vaisseau, pendant tout le cours de l'année, n'a appareillé, de sorte qu'on a permis à l'ennemi de bloquer, avec un petit nombre de bâtiments, une escadre considérable. L'amiral Truguet (¹), dans le compte qu'il

(¹) Amiral, pair de France.

I.   1*

vous a rendu, n'ayant justifié par aucune raison suffisante l'inexécution de mes ordres, mon intention est qu'il soit rappelé et remplacé immédiatement par un officier actif qui ait l'habitude des mouvements, qui soit allé depuis peu à la mer, et qui sache que la perte de plusieurs mois passés dans l'oisiveté est irréparable.

Vous ferez connaître à ce nouvel amiral que des escadres légères doivent journellement harceler l'ennemi, et qu'il convient que tous les vaisseaux, chaque fois que le temps le permet, appareillent et remouillent, ne courussent-ils que quelques bordées. Vous prescrirez que, sous quelque prétexte que ce soit, on ne s'écarte en rien de ces dispositions. Leur exécution précise produira l'effet qu'on doit se proposer, de tenir en alerte l'ennemi et les équipages en haleine, d'exercer l'armée aux deux opérations les plus difficiles, appareiller et mouiller, et de l'accoutumer à l'ensemble nécessaire pour profiter d'une circonstance favorable.

L'ordre d'appareiller ne sera donné aux escadres légères que par un signal où l'amiral, dans le compte qu'il vous rendra journellement, fera connaître le temps que chaque bâtiment aura mis à appareiller.

Les bâtiments qui appareilleront seront, autant qu'il sera possible, accompagnés de quelques caïques dont les vaisseaux fourniront les équipages. Il doit se présenter dans le cours de l'été un grand nombre d'occasions où ces caïques pourront être très utiles.

J'ai ordonné au ministre de la guerre de faire fournir le nombre de soldats nécessaires comme garnison pour qu'il y ait deux cents hommes sur chaque vaisseau de guerre.

Ces hommes seront exercés, indépendamment des manœuvres basses, à nager dans les grandes chaloupes des vaisseaux.

L'amiral, pour encourager les soldats, leur fera sentir combien ils se rendront utiles pour la descente, et leur présentera l'exemple des troupes campées sur les côtes qui passent les journées entières à nager dans les bâtiments de la flottille.

Prescrivez à l'amiral d'accorder des prix aux soldats qui monteront sur les vergues, et faites sentir aux contre-amiraux et aux capitaines des vaisseaux qu'il n'est rien que des chefs ne puissent obtenir des sentiments d'honneur et de l'émulation dont le soldat français est animé. Mettez à la disposition de l'amiral les fonds nécessaires pour ces arrangements. C'est l'occasion de remarquer combien serait stérile l'observation des capitaines qui n'ont pas de matelots, si on ne prenait pas les moyens propres à en former.

Enfin chaque vaisseau doit être approvisionné d'un certain nombre d'obus de 36, chargés avec la roche à feu. L'amiral inspirera confiance aux officiers dans ces mobiles, et en fera tirer fréquemment dans les exercices du canon. Vous lui enverrez une instruction imprimée qui fera connaître la manière de placer l'obus dans le canon, et vous recommanderez de ne se servir d'obus qu'à petites portées. Cette instruction sera mise à l'ordre de l'armée.

Je n'ai pas besoin de rappeler que l'amiral ne doit point avoir de logement à Brest, et qu'il doit passer des mois entiers sans quitter la rade; que les capitaines de vaisseaux ne doivent jamais aller à terre, et que les officiers de corvée doivent toujours être des officiers inférieurs.

Sur ce, je prie Dieu qu'il vous ait en sa sainte garde.

NAPOLÉON.

INSTRUCTIONS DE L'EMPEREUR ENVOYÉES AU MINISTRE DE LA MARINE POUR LE VICE-AMIRAL LATOUCHE-TRÉVILLE.

A la Malmaison, le 2 juillet 1804.

M. Latouche-Tréville ([1]), vice-amiral, le ministre de la guerre donne ordre à deux bataillons d'élite des 2ᵉ et 23ᵉ régiments de ligne de s'embarquer sur votre escadre ; le 2ᵉ régiment de ligne complètera ce qui sera nécessaire pour faire le nombre de seize cents hommes dont vous avez besoin. Si l'ordre du ministre de la guerre n'est pas arrivé, vous pouvez vous concerter avec le commandant de Toulon pour que tout soit mis à votre disposition. J'imagine qu'au moment où vous recevrez ma lettre, vous au-

[1] Vice-amiral, mort à bord du *Bucentaure* à Toulon, e 19 août 1804.

I.   1*

rez dix vaisseaux en rade. Les matelots ne peuvent sérieusement vous arrêter; en désarmant lès corvettes et pressant le port de Marseille, vous ne devez pas en manquer. Avec les seize cents hommes, d'ailleurs, que la guerre vous fournit, vos vaisseaux se trouvent armés.

Il doit y avoir à Toulon des obus. Exercez vos équipages à en tirer sur les pièces de 36, et n'en faisant usage que lorsqu'on sera à deux ou trois cents toises. Il n'y a point de bonnes raisons qui empêchent de s'en servir, et quelques obus feront dans le corps d'un bâtiment de plus grands ravages que des boulets.

Veillez à ce qu'ils soient chargés de roches à feu.

J'ai été fort aise de voir qu'en peu de moments votre escadre avait été à la voile, mais j'ai vu avec peine que vous étiez sorti avec un vaisseau de moins. Par le retour de mon courrier, faites-moi connaître le jour où il vous sera possible, abstraction faite du temps, de lever l'ancre. Faites-moi aussi connaître ce que fait l'ennemi, où se tient Nelson (¹). Méditez sur la grande entreprise que vous allez exécuter, et avant que je signe vos ordres définitifs, faites-

(¹) Amiral anglais, mort le 21 octobre 1804, au combat de Trafalgar.

moi connaître la manière la plus avantageuse de les exécuter.

Je vous ai nommé grand-officier de l'empire, inspecteur des côtes de la Méditerranée ; mais je désire beaucoup que l'opération que vous allez entreprendre me mette à même de vous élever à un tel degré de considération et d'honneurs, que vous n'ayez plus rien à désirer.

L'escadre de Rochefort, composée de trois vaisseaux, dont un à trois ponts, et de quatre frégates, est prête à lever l'ancre ; elle n'a devant elle que cinq vaisseaux ennemis.

L'escadre de Brest est de vingt et un vaisseaux; ces vaisseaux viennent de lever l'ancre pour harceler l'ennemi, et l'obliger à avoir le plus grand nombre de vaisseaux. Les ennemis tiennent aussi six vaisseaux devant le Texel, et y bloquent l'escadre hollandaise, forte de trois vaisseaux, de quatre frégates, et d'un convoi de trente bâtiments, où le général Marmont (¹) a son armée embarquée.

Entre Étaples, Boulogne, Vimereux et Ambleteuse, deux nouveaux ports que j'ai fait construire, nous avons dix-huit cents chaloupes canonnières, bateaux canonniers, péni-

____

(¹) Duc de Raguse.

ches, etc., portant cent vingt mille hommes et dix mille chevaux. Que nous soyons maîtres du détroit six heures, et nous serons maîtres du monde (¹).

Les ennemis ont devant Boulogne, devant Ostende et aux Dunes, deux vaisseaux de 74, trois de 64, et deux ou trois de 50. — Jusqu'ici l'amiral Cornwallis (²) n'a eu que quinze vaisseaux; mais toutes les réserves de Plymouth et de Portsmouth sont venues le renforcer devant Brest.

Les ennemis tiennent aussi à Cork, en Irlande, quatre ou cinq vaisseaux de guerre; je ne parle pas de frégates et de petits bâtiments, dont ils ont une grande quantité. — Si vous trompez Nelson, il ira en Sicile, ou en Égypte, ou au Ferrol. Des cinq vaisseaux qui sont dans ce port, quatre seulement sont prêts; le cinquième le sera pourtant en fructidor (août et septembre); mais je pense que le Ferrol est trop indiqué, et il est naturel que l'on suppose, si votre escadre sort de la Méditerranée dans l'Océan, qu'elle est destinée à débloquer le Ferrol; il paraîtrait donc meilleur de passer très au

(¹) Voir aux pièces et documents, N° I.
(²) Amiral anglais, mort le 5 juin 1819.

large, d'arriver devant Rochefort, ce qui vous
ferait une escadre de seize vaisseaux et de onze
frégates, et alors sans mouiller, sans perdre un
seul instant, soit en doublant l'Irlande très au
large, soit en exécutant le premier projet, arriver devant Boulogne. Notre escadre de Brest,
forte de vingt-trois vaisseaux, aura à son bord
une armée et sera toujours à la voile, de manière que Cornwallis sera obligé de serrer la
côte de Bretagne pour tâcher de s'opposer à sa
sortie. Du reste, pour fixer mes idées sur cette
opération qui a des chances, mais dont la réussite offre des résultats si immenses, j'attends le
projet que vous m'avez annoncé, et que vous
m'enverrez par le retour de mon courrier. Il
faut embarquer le plus de vivres possible, afin
que dans aucune circonstance vous ne soyez
gêné par rien.

A la fin du mois on va lancer un nouveau
vaisseau à Rochefort, et un à Lorient. Il serait
possible qu'ils fussent prêts: celui de Rochefort n'offre lieu à aucune question; mais si celui de l'Orient était en rade, et n'eût pas eu la
facilité de se rendre avant votre apparition devant l'île d'Aix, je désire savoir si vous pensez
que vous dussiez faire route pour le joindre.
Toutefois je pense qu'en sortant par un bon

mistral, il est préférable à tout de faire l'opération avant l'hiver, car, dans la mauvaise saison,
il serait possible que vous eussiez plus de chances pour arriver; mais il se pourrait qu'il y eût
plusieurs jours tels qu'on ne pût profiter de
votre arrivée. En supposant que vous pussiez
partir avant le 10 thermidor (3o juillet), il
est probable que vous n'arriverez devant Boulogne que dans le courant de septembre, moment où les nuits sont déjà raisonnablement
longues, et où les temps ne sont pas long-temps
mauvais.

Sur ce, etc.

NAPOLÉON.

St-Cloud, 10 fructidor an XII (28 août 1804).

MONSIEUR DECRÈS, ministre de la marine,

Il me semble qu'il n'y a pas un moment à perdre pour envoyer un amiral commander l'escadre de Toulon. Elle ne peut être plus mal qu'elle n'est aujourd'hui entre les mains de Du-manoir (¹), qui n'est ni capable de maintenir la discipline dans une aussi grande escadre, ni de la faire agir. Il me paraît que, pour commander cette escadre, il n'y a que trois hommes : Bruix (²), Villeneuve (³) et Rosily (⁴). Pour Rosily, je lui crois de la bonne volonté, mais il n'a rien fait depuis quinze ans, et j'ignore s'il a été bon marin, et les commandements qu'il a eus. Toutefois il y a une chose très urgente, c'est de prendre un parti sur cela. Il y a encore des

(¹) Vice-amiral, mort à Paris le 6 juillet 1829.
(²) Vice-amiral, mort à Paris le 18 mars 1805.
(³) Amiral, mort à Rennes le 22 avril 1806.
(⁴) Vice-amiral, mort à Paris le 12 novembre 1832.

matelots en France. Le général Davout (¹) m'a assuré que, si on lui donnait l'autorisation nécessaire, sans que les syndics ni personne ne fût instruit, il pourrait enlever 800 hommes; ce serait une chose assez importante. Écrivez dans ce sens à ce général. Il y en a encore sur les côtes de Normandie et de Bretagne. Il faut une mesure extraordinaire. Il serait aussi bien important que *l'Algésiras* fut prêt à Rochefort avant l'équinoxe.

Sur ce, etc.

NAPOLÉON.

(¹) Prince d'Eckmülh, maréchal de France, mort le 4 juin 1823.

Au château de... près Gueldres, 27 fructidor an xii
(14 septembre 1804).

MONSIEUR DECRÈS, ministre de la marine, j'ai lu avec attention le rapport et les différentes lettres du capitaine-général Decaen ([1]) ; la conduite du général Linois ([2]) est misérable, celle du capitaine Larue ([3]) est plus misérable encore. Comment un capitaine de vaisseau se dégrade-t-il au point de faire les fonctions de *midshipman*? Comment un capitaine qui commande un vaisseau peut-il l'abandonner? Ne laissez le capitaine Larue que vingt-quatre heures à Paris ; dites-lui que je ne le recevrai point. Faites-le partir pour l'Inde ; enjoignez-lui de s'embarquer à Bayonne sur un petit bâtiment. Je lui ai confié son vaisseau, il faut qu'il m'en réponde.

([1]) Lieutenant-général, mort près Paris le 9 septembre 1852.

([2]) Vice-amiral honoraire ; obligé de céder alors à une grande supériorité de force, il ne tarda pas à reprendre l'avantage, et l'empereur le nomma la même année commandant de la Légion d'Honneur.

([3]) Capitaine de vaisseau.

I.　　　　　　　　　　　　　　　　　　1*

Faites connaître dans tous les ports que je n'ai pas voulu le voir, parce qu'il a quitté son vaisseau. C'est à un lieutenant ou à un officier d'état-major à remplir ces missions, s'il y a lieu. La marine a besoin d'être remontée par quelques exemples. Faites imprimer dans le *Moniteur* les 1re, 2e, 3e, 4e, 5e et 6e (1) pages, jusqu'à l'endroit marqué du n° 45, du rapport du général Decaen. Faites imprimer également les n°s 2 et 3 des dépêches interceptées sur le bâtiment anglais, ainsi que le volume des lettres imprimées. Faites-y mettre aussi l'extrait de la *Gazette de Madras*. Je désire que les publications aient lieu dans *le Moniteur* le lendemain du reçu de mon courrier. Je tiens à ce qu'elles soient faites, car il faut que la marine se fasse une idée sur une affaire si déshonorante. C'est la seule manière d'avoir une marine. Toutes les expéditions sur mer qui ont été entreprises depuis que je suis à la tête du gouvernement ont manqué parce que les amiraux voient double, et ont trouvé, je ne sais où, qu'on peut faire la guerre sans courir aucune chance. Faites entrer dans *le Moniteur* également l'extrait de la dépêche du général Decaen qui annonce la prise de *l'Athia* (2). Je

(1) Voir aux pièces et documents, N° II.
(2) Voir aux pièces et documents, N° III.

vous ai envoyé des rapports sur Sainte-Hélène;
l'individu est à Givet, vous pouvez l'envoyer
chercher; il me paraît, par tout ce que je sais,
qne ce n'est point une chose à dédaigner. Donnez ordre au Havre que deux flottilles sortent,
qu'elles se rendent à Boulogne et défendent la
rivière. Je désire que vous sachiez de Larue ce
qu'ont fait les forces hollandaises à Batavia, et
comment elles se sont comportées. Je désire
avoir une idée nette sur cela.

Sur ce, etc.

NAPOLÉON.

Cologne, le 28 fructidor an XII (15 septembre 1804).

Monsieur Decrès, ministre de la marine, je
vous ai déjà exprimé tout ce que je ressentais
de la conduite du général Linois; il a rendu
le pavillon français la risée de l'Europe ([1]). Le
moindre reproche qu'on peut lui faire, c'est
d'avoir mis beaucoup trop de prudence dans la
conservation de sa croisière. Des vaisseaux de
guerre ne sont pas des vaisseaux marchands.
C'est l'honneur que je veux qu'on conserve, et
non quelques morceaux de bois et quelques
hommes. Le mépris, en Angleterre, est au dernier point de la part des officiers de la marine.
Je voudrais pour beaucoup que ce malheureux
événement ne fût pas arrivé; je préférerais avoir
perdu trois vaisseaux. Si le capitaine Larue est
celui qui a été en Égypte, et qui commandait la
frégate *la Muiron* ([2]) , je suis extrêmement sur-

([1]) Voir la note 2, page 13.

([2]) L'empereur avait fait donner ce nom à cette frégate , en
mémoire de son aide-de-camp Muiron, tué devant lui à Arcole.

pris qu'un homme qui a pu approcher de moi un instant ait pu si mal se conduire ; car, enfin, s'il eût représenté à l'amiral qu'il ne pouvait pas abandonner son vaisseau, l'amiral n'eût pas insisté. Témoignez-lui mon mécontentement et l'espèce de mépris que sa conduite m'inspire ; il ne peut la faire oublier qu'en se rembarquant sur-le-champ, et en suivant le sort de son vaisseau.

Sur ce, etc.

NAPOLÉON.

Coblentz, le 2ᵉ jour complémentaire de l'an xii
(19 septembre 1804.)

Monsieur Decrès, ministre de la marine.

Mon intention est que le lieutenant Grant (¹) soit échangé contre un des lieutenants de la corvette que commandait Jérôme. Quant à la seconde question, nous avons nos habitudes, et les Anglais ont les leurs. Nous ne sommes pas une nation neuve. De tout temps nous avons traité les prisonniers que nous avons eus. Je ne veux donc rien changer à cet égard. Quant à l'habillement, mon intention est d'habiller les prisonniers anglais, parce qu'ils sont en mon pouvoir, et que la générosité, les lois de la na- tion veulent qu'on leur donne tout ce qui est nécessaire; ils ont leur masse comme les troupes. Les Anglais doivent en faire de même, d'autant plus que leurs prisonniers sont de misérables pêcheurs qui, naviguant sur des bâtiments de commerce, n'ont pas été pris à main armée.

(¹) Officier anglais, prisonnier en France.

Ainsi donc je veux que les prisonniers anglais ne coûtent rien aux Anglais, et que les prisonniers français qu'ils pourraient avoir ne me coûtent rien. Faites-moi connaître ce que c'est qu'un M. Branton; je n'entends point qu'il ait aucune correspondance; aucune lettre sur cet objet ne m'a été remise, et M. Perregaux, ou tout autre individu, aurait tort de se mêler de cette affaire-là. J'approuve la réponse que vous proposez de faire pour le capitaine Jurien (¹). Quant à la proposition d'envoyer des agents de part et d'autre pour surveiller les prisonniers, faites connaître que cette demande n'a point été soumise à l'empereur, mais a été mise sous les yeux du ministre, qui pense que l'empereur ne fera aucune difficulté d'adhérer à des propositions conformes au droit des gens, dès qu'il connaîtra l'agent anglais qu'on est dans l'intention d'envoyer; que sur cet objet le personnel de l'individu décidera le gouvernement à adopter ou à rejeter la proposition.

Sur ce, etc.

NAPOLÉON.

(¹) Jurien-Lagravière, vice-amiral. pair de France, préfet maritime à Toulon.

<table>
<tr><td>I.</td><td>2*</td></tr>
</table>

Mayence, 7 vendémiaire an xiii (29 septembre 1804).

Monsieur Decrès, ministre de la marine, le général Lauriston (¹) commandera l'expédition de Surinam ; le général Reille (²) commandera celle de Sainte-Hélène ; le général Lagrange (³) commandera celle de la Martinique (⁴). Mon intention est que la mission du général Lauriston reste ignorée. Vous lui donnerez tous les documents qui lui seront nécessaires, et il se rendra à Toulon comme pour y remplir une mission ordinaire. Il se rend à Paris auprès de vous.

Sur ce, etc

NAPOLÉON.

(1) Maréchal de France , mort le 10 juin 1828.
(2) Lieutenant général, pair de France.
(3) Lieutenant-général, mort en juin 1833.
(4) Voir aux pièces et documents, Nᵒ IV.

Mayence, 7 vendémiaire an XIII (29 septembre 1804).

MONSIEUR LE COMTE DECRÈS ,

Nous avons trois expéditions à faire: 1° mettre la Martinique, la Guadeloupe et Sainte-Lucie à l'abri de tout événement. Pour cet effet, il faut 1,500 hommes de renforts, 4,000 fusils et un millier de poudre ; 2° s'emparer de la Dominique et de Sainte-Lucie, ce qui contribuera merveilleusement à mettre la Guadeloupe et la Martinique à l'abri de tout événement. Il faut pour la garnison de ces îles 2,000 hommes. Total pour cette première expédition , 3,500 hommes. L'escadre de Rochefort sera destinée à cette expédition , qui sera commandée par le général de division Lagrange.

2ᵉ expédition. 1° Prendre Surinam et les autres colonies hollandaises. Je ne pense pas qu'on puisse y destiner d'Europe moins de 4,000 hommes, ce qui raisonnablement n'en fera plus que 3,600 lorsqu'on en aura fait la conquête. 2° Porter du secours à Saint-Domingue. Pour cela 1,200 hommes, 2,000 fusils et 25 milliers de poudre. (S'il arrivait que les colonies hollandaises résistassent, et que nous perdissions plus de monde qu'on ne peut s'y attendre, les secours à porter à Saint Domingue seraient moindres.) Total de cette seconde expédition, 5,200 à 5,600 hommes.

3ᵉ expédition. Prendre Sainte-Hélène, et y établir une croisière pendant deux ou trois mois. Il faut pour cela 12 à 1,500 hommes. L'expédition de Sainte-Hélène porterait 200 hommes de secours au Sénégal, reprendrait Gorée, suivrait tous les établissements anglais le long de la côte d'Afrique qu'elle mettrait à contribution et brûlerait.

A cet effet, l'escadre de Toulon, composée de 11 à 12 vaisseaux, y compris le vaisseau qui est à Cadix, partirait la première. Arrivée dans l'Océan, elle détacherait deux vaisseaux, quatre frégates, et deux bricks les meilleurs marcheurs pour l'expédition de Sainte-Hélène. (Ces deux vaisseaux, quatre frégates et deux bricks porteront 800 hommes, dont 200 seraient laissés à Gorée et au Sénégal.) Et au nombre de 9 à 10 vaisseaux et de trois frégates, portant 5 à 600 hommes, marcherait droit sur la Guyane, où elle prendrait Victor Hugues (¹) et se rendrait à Surinam.

Du moment qu'on aurait avis que l'escadre

(¹) Ancien gouverneur de la Guyane française, mort dans le département de la Gironde en 1826.

de Toulon aurait mis à la voile, l'escadre de Rochefort aurait ordre de partir. Elle irait droit à la Martinique, s'emparerait de Sainte-Lucie et de la Dominique, et se mettrait sous les ordres de l'amiral commandant l'escadre destinée à l'expédition de Surinam. Cette escadre ainsi forte de 14 à 15 vaisseaux et de 7 à 8 frégates, mettrait à contribution toutes les îles anglaises, ferait toutes les prises qu'elle pourrait, se présenterait devant toutes les rades, arriverait devant Saint-Domingue, y jetterait 1,000 à 1,200 hommes, des armes et de la poudre selon les événements, ferait tout le mal qu'elle pourrait à la Jamaïque, opérerait son retour sur le Ferrol, débloquerait nos cinq vaisseaux, et, au nombre de cinq vaisseaux, irait à Rochefort.

Il me semble que tout est prêt pour cette expédition. A l'escadre de Toulon, à l'expédition de Surinam et à l'escadre de Rochefort on pourrait joindre un certain nombre de bricks et de petits bâtiments tant pour servir l'expédition que pour les laisser à la Martinique et à Surinam. Ainsi en supposant que ces expéditions pussent partir dans le courant de brumaire, on pourrait espérer qu'avant germinal notre escadre pût opérer son retour sur Rochefort.

Quant à l'expédition de Surinam, Victor Hugues serait fait colonel et commanderait en second. Il est inutile de le prévenir. Il y a plus de dangers que d'avantages. Comme on emportera des fusils, il pourra probablement fournir pour l'expédition de Surinam 3 à 400 hommes de sa colonie. Les Anglais n'ont pas aujourd'hui 1,500 hommes dans les colonies hollandaises. Je pense que rien ne sera plus facile que la prise de cette colonie.

Quant à l'expédition de Sainte-Hélène, je vous ai remis un mémoire à Boulogne. Faites venir l'auteur de ce mémoire, qui est à Givet. Les Anglais ne s'attendent à rien moins qu'à cette expédition; il sera très facile de les surprendre. La croisière, comme elle est déterminée ci-dessus, fera, dans le cours de 3 ou 4 mois, un mal immense aux Anglais. Elle se fera renforcer par tous les bâtiments que nous avons à l'Ile-de-France; et lorsqu'elle jugera à propos de cesser sa croisière, elle laissera la colonie approvisionnée pour huit ou neuf mois de vivres. Elle opérera alors son retour sur un port d'Espagne ou de France.

L'amiral Villeneuve commandera l'expédition de Surinam. Le contre-amiral Missiessy (¹)

(¹) Vice-amiral.

commandera celle de la Martinique. Choisissez un bon contre-amiral pour commander celle de Sainte-Hélène.

Les Anglais se trouveront en même temps attaqués en Asie, en Afrique et en Amérique; et accoutumés comme ils le sont depuis long-temps à ne pas se ressentir de la guerre, ces secousses successives sur les points de leur commerce leur feront sentir l'évidence de leur faiblesse.

La Martinique et Sainte-Lucie seront sous les ordres de l'amiral Villaret (¹). Les deux généraux de brigade qui sont sous les ordres du général Lagrange resteront pour commander l'une et l'autre de ces deux colonies.

Victor Hugues restera commandant-général de Surinam et de Cayenne. Un général de brigade commandera à Demerari, un à Berbice et un à Cayenne; vous désignerez les frégates et bricks qui doivent rester à Surinam : il n'y restera point de vaisseaux.

Le général Lagrange ne connaîtra que la partie de l'expédition qui est relative à la Dominique et Sainte – Lucie. Avant tout, il se concertera avec les capitaines – généraux

______

(¹) Vice-amiral mort gouverneur-général de Venise en 1812.

Ernouf (¹) et Villaret. Ces capitaines-généraux l'aideront chacun de leur côté pour la prise de ces îles. Si on ne peut prendre les deux, on préférera la Dominique à Sainte-Lucie. Si la Dominique était prise promptement, et qu'on pût tenter quelque chose sur d'autres îles anglaises, on le fera, ne fût-ce que pour les ravager, les mettre à contribution et brûler les bâtiments qui seront dans les rades.

L'amiral Villeneuve ne restera pas plus de vingt-quatre heures devant Cayenne. Les hommes de Victor Hugues, qui connaissent les localités, débarqueront les premiers à Surinam, comme les plus acclimatés. On attaquera à la fois Surinam et Demerari, et comme, lorsque l'escadre s'en ira, on sera encore maître de la mer, les frégates et les bricks laissés à Victor Hugues, sous un bon capitaine de vaisseau, pourront être par suite employés à toute croisière qu'on pourrait entreprendre sur la Trinité, sans cependant compromettre en rien les possessions principales. Il faut donc que vous joigniez aux escadres de Toulon et de Rochefort le plus de petits bâtiments possible.

Je donne aujourd'hui les ordres au ministre

(¹) Ancien capitaine-général de la Guadeloupe.

de la guerre; tout sera prêt au 18 vendémiaire. J'imagine que l'amiral Villeneuve est déjà à Toulon; s'il n'y est pas, qu'il s'y rende sur-le-champ.

Si l'on pouvait embarquer deux chevaux par vaisseau de guerre pour l'expédition de Surinam, ils auraient la destination suivante : la moitié ferait un attelage d'artillerie, et l'autre moitié fournirait un cheval à chacun des généraux. Il doit y avoir des mulets de trait à Cayenne; et pour la petite traversée de Cayenne à Surinam, il sera facile d'en charger une cinquantaine; mais pour une expédition de cette nature, huit chevaux de trait sont déjà d'un grand secours, puisqu'ils peuvent faire remuer quatre pièces de quatre.

Quant à l'expédition de l'île d'Aix, il n'y a pas besoin de chevaux. Cependant si vous n'y voyez pas d'inconvénient, on pourrait en embarquer dix, deux sur chaque vaisseau ; mais j'imagine que la Martinique et la Guadeloupe en ont suffisamment.

L'homme qui est à Givet sera retenu près de vous jusqu'au dernier moment. Il partira en poste de Paris, se rendra à Toulon, et s'embarquera immédiatement à bord du vaisseau de l'amiral qui doit aller à Sainte-Hélène.

Vous pouvez appeler près de vous le capitaine de vaisseau qui est à Boulogne, qui connaît bien la mer de la Guyane. Vous ne devez rien lui dire. Au dernier moment il partira pour Toulon, se rendra auprès de l'amiral Villeneuve, et fera tout pour qu'on ne sache pas qu'il est embarqué ; ou vous prendrez tout autre moyen plus simple. Vous lui donnerez le commandement d'une frégate, ou autre chose.

Il sera nécessaire que vous destiniez cinquante ouvriers de la marine pour être embarqués à bord des escadres qui partiront des deux ports. Des détachements compléteront les compagnies des ouvriers de terre où ils seront incorporés.

Sur ce, etc.

NAPOLÉON.

Monsieur Decrès ([1]),

Je ne vous donne pas d'ordre pour l'amiral Missiessy. Il sera parti, si vous lui avez écrit bien positivement. En cinq jours il doit être prêt. Si vous avez mis des *si*, des *car*, des *mais*, il ne sera pas parti. J'ai étouffé d'indignation en lisant qu'il n'avait pas pris le Diamant ([2]). Ce qu'il dit dans sa correspondance avec Villeneuve n'a pas de sens. J'aurais préféré perdre un vaisseau de guerre, et qu'il m'eût ôté cette bosse de la Martinique. S'il n'est pas parti, vous lui ferez connaître mon mécontentement. Qu'il ne vienne pas à Paris, mais qu'il se tienne à bord de son escadre. Il mérite, avec le reproche que j'ai à lui faire de n'avoir pas pris le Diamant, celui d'être resté si peu de temps à Santo-Domingo; qu'il n'a pas même vu lever le blocus, et qu'il n'a pris aucun corsaire noir; de ne s'être pas fait voir devant le Cap, ce qui aurait fait une diversion; de n'avoir pas embarqué un millier de sacs de

([1]) Cette lettre est sans date au dossier.

([2]) Rocher très fortifié en avant de la pointe du Diamant, à la Martinique.

farine pour Santo-Domingo, ayant appris à la
Martinique que cette colonie en manquait ; de
n'avoir pas embarqué l'artillerie ennemie du
Roseau, de Saint-Christophe. Je ne conçois
pas comment, lorsqu'on a une si belle occasion
d'enlever cent pièces de canon de bronze anglais, on les laisse. C'eût été un trophée et
un grand secours pour la Martinique et la
Guadeloupe. Vous lui ferez le reproche de
n'avoir pas exécuté l'ordre que je lui avais
donné dans ses instructions, de faire des levées de nègres dans les colonies ennemies, et
de n'avoir pas rempli la partie de ses instructions relatives à Terre-Neuve. S'il avait osé paraître devant la Barbade, il aurait fait un tort
immense aux ennemis. Si une expédition comme
celle-là avait été faite avec un peu d'audace, ce
n'est pas 40 francs de part de prise qu'aurait eus chaque matelot, mais 400 francs.
Il aurait été naturel, vu la situation de Santo-
Domingo, qu'il se crût autorisé à y débarquer
1,000 hommes au lieu de 500. Il fallait calculer que 500 hommes de moins n'étaient
rien pour la Martinique. Mon intention est
que vous n'écriviez aucune lettre confiden-
tielle à mes amiraux, aux capitaines-généraux des colonies, aux préfets maritimes. Toutes

les relations d'un ministre sont officielles. Vous devez vous exprimer à peu près de la même manière vis-à-vis du général Lagrange. Puisque le général Prévost (¹) n'avait que 400 hommes au port Cabrit, j'avais lieu d'espérer que l'île serait prise. Il ne manquait pas d'artillerie à la Guadeloupe et à la Martinique, celle du Roseau suffisait. Écrivez par un aviso ou une frégate aux îles du Vent, qu'on tâche de faire passer des renforts à Santo-Domingo. Prévenez l'amiral Missiessy que dans vingt-quatre heures il recevra un courrier avec des instructions pour mettre à la voile. Vous recevrez cette lettre le 12; vos ordres arriveront à Rochefort le 14. Je vous expédierai demain les instructions que vous recevrez le 13, et que l'amiral Missiessy pourra avoir le 15. Il partira donc avant le 20. Comme sa mission est de nature à comporter qu'il ait besoin de tous ses vivres, vous lui prescrirez de ne prendre que le complet de son équipage. Cependant si vous pensiez qu'une centaine de soldats de plus pût lui être un renfort en cas d'attaque, vous êtes autorisé à les lui donner. Ajoutez-lui, si cela est possible, une frégate ou un brick.

Sur ce, etc.   NAPOLÉON.

(¹) Maréchal-de-camp, mort à Paris le 15 juin 1807.

I.   2*

Mayence, le 29 septembre 1804.

Monsieur Decrès, ministre de la marine, je vous ai fait connaître mes intentions sur la manière dont j'envisage mes trois expéditions, Surinam, Demerari, Essequebe, Sainte-Hélène, et la Dominique. Dans cette dépêche, je vous fais connaître mes vues sur l'Irlande. Il faudrait supprimer un des six transports, et le remplacer par *la Pensée* ou par *la Romaine* armée en flûte; achever *l'Océan*, et pour cela travailler, s'il est nécessaire, aux flambeaux. Je pense que c'est le seul moyen de pouvoir porter 18,000 hommes, dont 3,000 de cavalerie, artillerie, génie et non combattants, et 15,000 hommes d'infanterie; 500 chevaux, dont 200 de cavalerie, 200 d'artillerie, et 100 d'état-major; moins que cela ne ferait pas un corps d'armée.

Le point de débarquement que vous me désignez me paraît le plus convenable. Le nord de la baie Locksully est, à mon sens, le point le plus avantageux. On doit sortir de Brest, doubler l'Irlande, hors de vue de toute côte, et l'aborder comme l'aborderait un vaisseau venant de Terre-Neuve. En parlant ainsi, je ne parle que politiquement et point nautiquement, car les courants doivent décider du point où l'on doit attaquer la terre. Politiquement, il vaudrait mieux s'exposer à attaquer l'Ecosse qu'à attaquer plus bas. Cette manœuvre déconcertera l'ennemi. Trente-six heures après avoir mouillé, on doit reprendre le large, laissant les bricks et tous les transports. *Le Volontaire* aura ses canons à fond de cale, dont l'armée se servira, soit pour batteries de côte, soit pour tout autre événement imprévu. Sur tout ceci, je suis d'accord avec vous; mais le débarquement en Irlande ne peut être qu'un premier acte. Si, seul, il devait former une opération, nous courrions de grandes chances. L'escadre doit donc, après s'être renforcée de tous les bons matelots des six transports, entrer dans la Manche, se porter sur Cherbourg, y recevoir là des nouvelles de la situation de l'armée devant Boulogne, et favoriser le passage de la flottille. Si, arrivée devant Boulogne, les vents étaient plusieurs jours contraires et l'obligeaient à passer le détroit, elle devrait se porter au Texel; elle y trouverait

7 vaisseaux hollandais et 27,000 hommes embarqués, les prendrait sous son escorte et les conduirait en Irlande.

Une des deux opérations doit réussir, et alors, soit que j'aie 30 ou 40,000 hommes en Irlande, soit que je sois en Angleterre ou en Irlande, le gain de la guerre est à nous.

Lorsque l'escadre sera sortie de Brest, lord Cornwalis ira l'attendre en Irlande. Lorsqu'il saura qu'elle est débarquée dans le nord, il reviendra l'attendre à Brest; il ne faut donc pas y retourner. Si même, en partant d'Irlande, notre escadre trouvait les vents favorables, elle pourrait doubler l'Ecosse et se présenter au Texel. Lorsqu'elle partira de Brest, les 120,000 hommes seront embarqués à Boulogne, et les 25,000 au Texel. Ils doivent rester embarqués tout le temps que durera l'expédition d'Irlande.

C'est ainsi que je conçois l'expédition d'Irlande. Ainsi toute la première partie du projet jusqu'au débarquement en Irlande, je l'approuve. J'attendrai le rapport que je vous ai demandé pour statuer sur le désarmement des autres parties de la flottille.

La seconde partie du projet doit être l'objet de vos méditations et de celles de l'amiral.

Je pense que le départ de l'expédition de Toulon et de l'expédition de Rochefort doit précéder le départ de celle d'Irlande, car la sortie de ces 20 vaisseaux les obligera à en expédier plus de 3o. Le départ des 10 ou 12,000 hommes qu'ils sauront très bien être partis, les obligera à faire partir des troupes pour les points les plus importants. Si les choses pouvaient se faire à souhait, je désirerais que l'escadre de Toulon pût partir le 20 vendémiaire, celle de Rochefort avant le 10 brumaire, et celle de Brest avant le 1er frimaire.

Sur ce, etc.

NAPOLÉON.

A Trèves, le 14 vendémiaire an XIII (6 octobre 1804.)

MONSIEUR DECRÈS, ministre de la marine.

Je suis fâché de votre lettre du 11 vendé-miaire. Soyez donc ministre de la marine. Quoi! au moment où l'opinion est que je pars de Luxembourg pour Boulogne, afin de m'y occuper de l'expédition, le commandant des marins de ma garde donne sa démission, et vous le trouvez bon! Il n'a donc plus de sang français dans les veines. Je vous renvoie la lettre du capitaine Daugier (¹); vous lui direz que vous ne me l'avez pas envoyée, car je ne saurais dire ce que je ferais. Daugier n'est pas plus malade qu'il l'était; d'ailleurs il faut savoir mourir. Ce sont les sollicitations et les cajoleries de sa femme qui l'ont porté à cette démarche. En vrai ministre de la marine, cette turpitude de votre corps devait s'arrêter à vous et ne point venir sous mes yeux. Sachez que c'est la seconde fois qu'il donne sa démission pendant la guerre.

Sur ce, etc.   NAPOLÉON.

(¹) Vice-amiral, mort à Paris, le 12 avril 1834.

Paris, le 19 ventose an XIII (10 mars 1805).

MONSIEUR DECRÈS, ministre de la marine.

Un officier de marine nommé Léger, et qui depuis dix ans n'a pas été à la mer, a été assez inconséquent pour me demander, ce matin à mon audience, d'être nommé contre-amiral. Je n'ai pu lui dissimuler mon mépris d'une demande aussi déplacée. Faites-le-lui savoir, et donnez-lui une destination dans son grade, afin qu'il ne reste pas sur le pavé de Paris.

Sur ce, etc.

NAPOLÉON.

Saint-Cloud, le 7 germinal an XIII (3 avril 1805).

Monsieur Decrès, ministre de la marine.

Il faut que les frégates partent pour le golfe de Perse. Je vous renvoie vos instructions nautiques. Je vous enverrai incessamment les instructions politiques. Préparez tout pour que les frégates puissent partir sur-le-champ.

Sur ce, etc.

Napoléon.

Lyon, le 14 avril 1805.

Monsieur Decrès,

L'escadre de l'amiral Cochrane (¹) était devant Lisbonne le 4 mars. Elle a dû d'abord aller au Cap-Vert, et perdre un jour pour envoyer à terre, et prendre langue au port. L'amiral Missiessy est trop habile pour s'être laissé voir de ces îles. Si donc l'amiral anglais ne trouve pas là des renseignements, il ira à Madère; et si à Madère il ne trouve point de renseignements, il ira aux Grandes-Indes : c'est tout ce qu'un amiral et un officier général sensé doit faire dans sa position. La saison, la circonstance, tout indique que l'escadre de Missiessy est destinée pour les Indes-Orientales. Si l'amiral Cochrane reçoit des renseignements et va à la Martinique, il doit d'abord, s'il est sage, attérir sur Surinam. Je pense donc qu'il n'arrivera pas devant la Martinique avant le 1ᵉʳ au 10 avril; s'il en est autrement, l'amiral anglais

(¹) Amiral anglais.

ne sait pas son métier; car une fois certain que Missiessy va en Amérique, rien ne peut lui prouver que sa destination n'est point pour Surinam. Nous étions maîtres de l'île au 22 février, j'espère être maître de la mer quarante-cinq ou cinquante jours. L'amiral Cochrane n'a point de troupes à bord. Je ne puis mettre en doute que les petits forts de la baie Robert ne soient soumis. Le général Lagrange a 3,000 hommes; l'amiral anglais ne se hasardera point à débarquer les troupes qui sont à la Barbade pour reconquérir la Dominique; il attendra le secours de Londres; d'ailleurs l'île ne lui importe pas; son affaire est de suivre l'escadre française. Il ira à la Jamaïque, et de là à Terre-Neuve, et les Anglais tiendront les mers de la Martinique avec deux seuls vaisseaux et quelques frégates. Les Anglais vont expédier 5 à 6,000 hommes à la Barbade; ils n'étaient point partis au 5 avril; ils ne seront point arrivés avant le 15 mai; le général Lagrange ne sera point attaqué avant le 1er juin; il aura donc eu trois mois pour se préparer à la défense. Mais les Anglais attaqueront-ils au mois de juin, au milieu de la saison des fièvres? Je ne le pense pas; ils n'ont pas de troupes. Il paraît qu'ils envoient décidément 5 à 6,000 hommes aux Grandes-Indes avec Cornwalis. Mon opinion est qu'ils enverront 3,000 hommes à la Barbade, et 3,000 à la Jamaïque, et que le gouverneur-général de la Barbade aura l'autorisation de réattaquer au mois d'octobre, s'il le juge convenable. L'amiral Villeneuve est parti le 1er avril; il sera le 15 mai à la Martinique. En cas de nécessité, il peut y débarquer plus de 5,000 hommes, compris les Espagnols; il a de 18 à 20 vaisseaux de guerre; l'escadre anglaise ne sera pas forte de la moitié. Si Sainte-Lucie n'est pas prise, il la prendra, et ces quatre îles se trouveront dans un parfait état de défense. Si l'amiral Ganteaume (1) y arrive, il peut y débarquer, si cela est nécessaire, plus de 5,000 hommes. Dans cet état de choses, je penserais qu'il faudrait faire partir le général Magon (2); sa mission aurait deux buts: 1° prévenir l'amiral Villeneuve qu'au moment de son départ l'amiral Ganteaume n'était point encore parti, mais était en appareillage; 2° renforcer l'escadre du général Villeneuve, et lui porter l'ordre d'attaquer une autre île anglaise,

(1) Vice-amiral, pair de France, mort à Aubague, près Toulon, le 28 septembre 1818.

(2) Contre-amiral, tué à bord de *l'Algésiras*, le 21 octobre 1805.

s'il jugeait en avoir le temps. Un autre but qu'aurait l'envoi du général Magon, serait que si, par des événements qui ne sont pas calculables, l'amiral Villeneuve n'arrivait pas, il pût jeter ses 800 hommes dans les îles, et même se rétablir maître de la mer pendant une quinzaine de jours, si les Anglais n'y avaient qu'un vaisseau. Ainsi, si l'on suppose que l'amiral Villeneuve doive arriver à la Martinique, il n'y a aucun inconvénient à faire partir sur-le-champ le général Magon. Si l'on suppose que le général Villeneuve ne doive point arriver, il est nécessaire de faire partir le général Magon pour porter secours à nos trois îles, puisque des secours sont nécessaires dès le moment qu'on a pris la Dominique. Enfin je pense que les frégates *la Didon* et *la Cybèle* doivent être prêtes à partir pour porter 300 hommes de troupes, si l'amiral Villeneuve n'arrive point à la Martinique, ou pour porter d'autres instructions à l'amiral Villeneuve, lorsqu'il sera décidé que l'amiral Ganteaume ne part point, et que nous aurons cependant des nouvelles de nos flottes de Cadix, et du nombre de vaisseaux espagnols qui s'y seront réunis; dès lors, nous saurons ce que nous avons à la Martinique. Je renonce donc à l'expédition de la Perse; j'y ai envoyé deux ministres par terre. D'ailleurs deux frégates me sont trop nécessaires, puisque l'escadre de Brest n'en a que cinq. Quant à la frégate *le Président*, il faut qu'elle soit prête à partir aussi. Si l'amiral Villeneuve est arrêté en chemin, et n'arrive point à la Martinique, cette frégate partira, avec *la Cybèle* et *la Didon*, pour porter 150 hommes de plus. Si au contraire l'amiral Villeneuve arrive, et que *la Cybèle* et *la Didon* partent sans troupes et pour porter des ordres, la frégate *le Président* sera en réserve pour en porter après. J'ai reçu beaucoup de lettres d'hommes que j'entretiens à Londres ; leur opinion est que si j'avais 6,000 hommes dans le golfe de Cambyse, les Anglais seraient dans un péril éminent.

Quant aux instructions à donner à l'amiral Villeneuve, par les frégates *la Cybèle* et *la Didon*, dans le cas que l'amiral Ganteaume ne pût pas partir, on ne peut fixer ses idées que lorsqu'on saura de combien de vaisseaux se compose l'escadre de l'amiral Villeneuve. Voilà quatorze jours qu'elle est partie ; je la suppose bien près du détroit. En résumé, il faut aujourd'hui faire partir le contre-amiral Magon le plus tôt possible ; qu'il porte 800 hommes, et, s'il est possible, sans que cela le retarde, il faut lui confier une flûte chargée de vivres, ne fût-ce même que de farine. Comme le général Magon sera instruit de ce qui se passe sur le théâtre où il va, il aura soin d'aborder avec précaution la Guadeloupe ou sur tout autre point que vous jugerez le plus convenable, afin qu'il puisse être informé de ce qui se passe. Donnez aussi l'ordre au général Magon de faire remplir ses soutes de poudre; il serait possible que le fort Robert en coûtât une certaine quantité, quoiqu'il soit probable que le général Lagrange en aura trouvé au fort du Roseau suffisamment pour le siége. Cependant cette précaution n'est pas inutile. Quant aux lettres que le général Magon doit porter au général Villeneuve, vous lui direz que voilà tant de jours écoulés depuis son départ, et que Ganteaume n'a pu encore partir; qu'il est sorti plusieurs fois, qu'il est en très bon état, et qu'il y a lieu d'espérer qu'au premier coup de vent, il sera dehors; qu'il ne doit pas s'impatienter; il doit regarder ces dix-huit jours dans ses instructions comme non avenus, et se concerter avec le général Lauriston et les différents capitaines-généraux pour faire tout le mal possible à l'ennemi, pendant le temps qu'ils seront maîtres de la mer, sans cependant s'éloigner assez pour que l'amiral Ganteaume, arrivant, fût obligé d'attendre long-temps pour se réunir ; que je ne doute pas que Sainte-Hélène ne soit à nous. Vous trouverez ci-jointe une lettre adressée au ministre de la guerre ; vous la remettrez à celui qui est chargé d'expédier les ordres au ministre de la guerre, et vous vous chargerez d'en faire transmettre le résultat à Rochefort.

Sur ce, etc.

NAPOLÉON.

P. S. Comment arrive-t-il que *la Topaze* ne soit pas encore rendue à Rochefort, elle pourrait être très utile à l'escadre du contre-amiral Magon.

Cette lettre est déjà bien longue. Je viens de traverser la ville de Lyon en grande pompe, pour aller voir les manufactures, ce qui ne m'a pas empêché de songer à nos affaires. Cette idée m'est venue, dont vous pourrez toujours instruire l'amiral Villeneuve par l'amiral Magon en lui annonçant que 3 frégates et 3 bricks prêts à partir lui porteront définitivement des nouvelles de l'amiral Ganteaume ; que si cependant rien de tout cela n'arrivait, et qu'il jugeât son retour imminent, mon intention est, s'il a sous son commandement au moins 20 vaisseaux

de ligne, compris les espagnols, qu'il vienne au
Ferrol, où il trouvera certainement 15 vaisseaux français et espagnols ; et avec ces 35 vaisseaux, qu'il se présente devant Brest, où, sans
entrer, il sera joint par l'amiral Ganteaume; et
avec les 56 vaisseaux que lui formera cette jonction, qu'il entre dans le canal. Mais qu'il doit
attendre à la Martinique plus de temps que ne
portent ses instructions, parce que voilà vingt
jours qui sûrement sont perdus. Comme cette
dépêche est de la plus grande importance, j'ai
dû l'écrire moi-même : vous la trouverez ci-
jointe, faites-la partir immédiatement pour
Rochefort.

Au château de Stupinis, près Turin, le 21 avril 1805.

Monsieur Decrès, le non-départ de Ganteaume me contrarie beaucoup. Toutes les
nouvelles que je reçois jusqu'à cette heure de la
Méditerranée me portent à penser que Villeneuve aura fait une bonne et heureuse route.
Vous n'avez point besoin de mon autorisation
pour expédier des bricks; faites-en partir un
tous les huit jours, en prenant les précautions
nécessaires pour qu'ils ne tombent point entre
les mains de l'ennemi, et instruisez Villeneuve
de tout ce qui se passe.

Sur ce, etc.

Napoléon.

Au château de Stupinis, le 23 avril 1805.

MONSIEUR DECRÈS, ministre de la marine, vous avez sans doute reçu le courrier de Cadix. A tout événement, je vous envoie le journal du général Lauriston : il paraît que cinq vaisseaux et une frégate ont rallié l'amiral Villeneuve; qu'un sixième avait touché, mais allait partir. Le 20, l'escadre réunie était hors de vue; il est probable qu'avant le 10 de ce mois elle sera rendue à sa destination. Nous sommes donc sûrs d'avoir là une escadre de 18 ou au moins de 17 vaisseaux de ligne. Vous aurez sans doute déjà fait partir l'escadre de Rochefort; envoyez un nouveau courrier et une nouvelle dépêche pour faire connaître à l'amiral Villeneuve que je suis instruit de son départ, que l'amiral Nelson a été le chercher en Égypte. J'expédie un courrier à Ganteaume pour l'informer de cet événement; Dieu veuille qu'il ne le trouve point à Brest! Je vous réitère l'ordre de faire partir tous les dix jours un brick ou goëlette, en prenant toutes les précautions pour que les paquets ne tombent pas entre les mains de l'ennemi. Envoyez un courrier en Espagne; écrivez au prince de la Paix (¹) que je juge nécessaire que l'escadre espagnole de Carthagène vienne à Toulon; que, dans ce cas, je me chargerai de la nourrir, ou bien que cette escadre se réunisse à Cadix; qu'il faut qu'on arme sans délai, à Cadix, les sept vaisseaux qui y restent, de manière à avoir en rade douze ou treize vaisseaux, et que ces vaisseaux appareillent souvent pour obliger les Anglais à en avoir là le même nombre, et leur faire craindre l'interception de leur convoi. Vous lui direz que le Ferrol sera débloqué au moment où l'on s'y attendra le moins; qu'il est donc convenable que le nombre de vaisseaux qui y sont soit toujours prêt, et qu'il faut même l'augmenter, selon le retard de l'escadre française, et faire en sorte d'en préparer jusqu'à dix. Enfin, faites connaître au prince de la Paix que les plus heureux résultats pour les deux nations seront le prix de ses efforts; qu'il ne faut point s'endormir; qu'il faut tenir les Anglais dans une alarme et une incertitude perpétuelle, et leur porter à l'improviste des coups terribles, partout où se porte-

(¹) Godoï, premier ministre de Charles IV, roi d'Espagne.

ront nos escadres. Vous lui parlerez du cas que je fais de lui, et de la confiance que j'ai dans son activité et dans son zèle pour la cause commune. Faites battre le ban et l'arrière-ban pour faire armer *la Topaze*, qui nous devient aujourd'hui bien nécessaire pour porter des nouvelles; enfin, voyez si, l'escadre de Brest ne sortait pas, et que l'amiral Villeneuve dût venir au Ferrol, s'il ne serait pas bon d'avoir nos cinq vaisseaux disponibles. Les équipages ne peuvent manquer parce que j'ai envoyé au Ferrol 2 frégates et 1 brick, qui peuvent fournir des équipages aux vaisseaux. — Tenez encore secret le passage à Cadix et le départ des escadres; faites mettre dans les journaux hollandais qu'une escadre française a débarqué en Égypte 10,000 hommes; que l'amiral a manœuvré avec beaucoup d'habileté pour tromper Nelson; qu'il a feint de passer le détroit, mais que pendant la nuit il l'a repassé et est allé sur la côte d'Afrique; que l'amiral Nelson, averti que l'escadre française était destinée pour l'Égypte, s'était d'abord dirigé sur la Sicile; que le 20 germinal il était arrivé à Palerme, mais qu'il avait été instruit que l'escadre avait passé le détroit; qu'il s'était à l'instant mis à sa poursuite, et était arrivé devant Gibraltar, comme l'escadre française avait passé le cap Bon, et naviguait sur Alexandrie, ayant plus de quinze jours d'avance sur l'amiral Nelson. — Faites mettre dans le journal de Francfort que les rapports sur la sortie de l'escadre française sont des plus contradictoires ; que les **uns** prétendent que cette escadre a trompé plusieurs fois Nelson par de fausses manœuvres ; et qu'en dernière analyse, elle a été rencontrée se dirigeant sur l'Égypte.

Sur ce, etc.

Napoléon

Au château de Stupinis, le 23 avril 1805.

Monsieur Decrès,

Un courrier que je reçois de l'amiral Ganteaume, du 25, me dit qu'il est prêt de partir; c'est avec bien de l'impatience que j'attends la nouvelle qu'il est enfin parti. J'ai vu avec plaisir que vous ayez donné l'ordre au général Magon de partir. Je vous recommande de nouveau l'expédition de bricks et de goëlettes; répétez par le premier qui partira, et recommandez au général Villeneuve de faire tout le mal qu'il pourra à l'ennemi, en attendant le général Ganteaume, puisqu'avec les Espagnols et les Français j'ai beaucoup de troupes là. Qu'on prenne Saint-Vincent, Antigua, la Grenade : et pourquoi ne prendrait-on pas la Barbade ? Je laisse à votre disposition d'envoyer des ordres pour reprendre Tabago ou la Trinité, où les Espagnols seraient merveilleusement employés. Je vois par les états que j'ai reçus qu'il y a 1,300 hommes d'infanterie ou d'artillerie espagnols embarqués sur l'escadre, et 300 hommes de cavalerie, ce qui fait 1,600 hommes. Voilà la récapitulation des troupes que j'ai aux îles du Vent :

La Martinique avait.   1,500
La Guadeloupe.   1,600
Le général Lagrange a amené. . .   3,400
Le général Lauriston a.   3,500
Le général Magon amène.   840
                                     ——————
                                      10,840

Il est vrai que le général Lauriston ne doit débarquer que 1,100 hommes ; mais, à la rigueur, il les débarquerait tous, s'ils étaient nécessaires pour garder de nouvelles colonies. J'ai donc 10,840 hommes, et en y joignant 1,600 Espagnols, j'ai 12,440 hommes. Avec ces forces, je puis très bien occuper toutes les îles du Vent. Il y en a, je crois, dix, en comprenant la Trinité et Tabago. Une fois conquises, les 1,600 Espagnols seront suffisants pour garder la Trinité, puisqu'ils ne manqueront pas de recevoir du secours de leur continent. 500 hommes à Tabago pourraient suffire en occupant tout de suite le morne, et s'y approvisionnant. Toutefois, il y a des calculs de vent et des circonstances particulières qui doivent déterminer à laisser celles de ces colonies qui éloigneräient trop de la route. Si Tabago et d'autres petites îles étaient impossibles à garder, on pourrait, après les avoir occupées, en avoir fait la garnison prisonnière, n'y laisser aucune troupe, si ce n'est quelques hommes et un officier, pour maintenir la police et organiser des milliers de paysans avec un drapeau. Il ne faudrait point maltraiter l'île de Tabago, parce qu'elle est française; mais pour les autres colonies anglaises qu'on jugerait devoir abandonner après les avoir occupées, on pourrait en tirer la moitié des noirs, lever une contribution sur les habitants, en ôter l'artillerie, et vendre les noirs à la Martinique et à la Guadeloupe.

C'est ainsi que les Anglais ont fait plusieurs fois et ont tiré parti de leurs prises. L'amiral Villeneuve sera toujours sûr d'avoir dix jours devant lui, vu la précaution qu'aura l'amiral Ganteaume d'expédier en sortant une frégate bonne marcheuse. Il est probable qu'elle fera assez de chemin pour gagner plusieurs jours sur l'escadre. Vous sentez que l'escadre de l'amiral Ganteaume arrivant, les forces se trouveraient augmentées de plus de 2,000 hommes, ce qui me maintiendrait maître de tous ces pays.

Sur ce, etc.

NAPOLÉON.

Au château de Stupinis, le 24 avril 1805.

MONSIEUR DECRÈS,

J'ai reçu votre lettre du 29 germinal (19 avril); j'ai appris avec plaisir que le vaisseau *le Régulus* a été lancé : il faut le faire armer; si on y mettait de l'activité, il pourrait d'ici à six semaines être à la mer, et jouer aussi son petit rôle. J'attends avec impatience les dépêches qu'apporte le brick *le Diligent*. Je désire que vous fassiez mettre dans les journaux que de grandes nouvelles sont arrivées des Indes; que les dépêches ont été expédiées à l'empereur; que le contenu n'en transpire pas, mais qu'on sait seulement que les affaires des Anglais vont fort mal, et que tout ce que le capitaine-général de l'Ile-de-France a dit, il l'a tenu. Ces petits moyens sont d'un effet incalculable sur les hommes, dont les calculs ne sont pas le résultat de têtes froides, et dans lesquels chacun porte les alarmes et les préjugés de sa coterie. Dites

au général B..., que ce qu'il dit de l'amiral
Villeneuve, qui a refusé de rallier l'escadre
de Carthagène, n'est point vraisemblable ; c'est,
au contraire, le commandant de cette escadre qui a déclaré qu'il ne le pouvait pas ,
et je ne puis lui en savoir mauvais gré, puisqu'il n'avait pas d'ordre de sa cour ; mais que
l'amiral Villeneuve passant par le détroit et
ayant des craintes, un ambassadeur, un homme
sensé ne se laisse pas dire de pareilles nigaude-
ries.

Sur ce, etc.

NAPOLÉON.

Au château de Stupinis, le 24 avril 1805.

Monsieur Decrès, votre courrier du 3 floréal ne m'apporte aucune nouvelle des Indes ; les pièces que vous m'avez envoyées ne contiennent rien ; le nom de Linois n'y est pas même prononcé, et j'ignore la situation des choses dans ce pays. — La lettre qu'a reçue Vanderbegh a été écrite par B… ; cela est par trop ridicule ; faites-lui en connaître mon mécontentement. Dans les affaires de cette nature, le secret doit être toujours essentiellement gardé. Ce sera par Paris que l'Angleterre apprendra cette nouvelle, et elle le saura sept ou huit jours plus tôt qu'elle n'aurait dû la savoir, résultat immense pour nos opérations. Recommandez-lui d'être désormais plus circonspect. J'imagine que l'escadre de Rochefort partira ; s'il y a empêchement, et que vous jugiez à propos de faire partir une des deux frégates de Lorient, je n'y vois pas d'inconvénient. Dans tous les cas, mon intention est que Villeneuve arrive devant le Ferrol, quand même l'escadre de Ro-

chefort ne l'aurait pas joint ; il a 18 vaisseaux ;
il est impossible qu'il en trouve plus de 10 devant le Ferrol. Je suis surpris de ne pas recevoir
des nouvelles de la Martinique : il est probable
que le brick qui a été expédié aura été pris. Il
est impossible qu'en pressant, comme vous le
faites, l'escadre de Rochefort, en faisant partir
une frégate de Lorient, et une corvette ou un
brick de Bayonne ou de Bordeaux, l'amiral
Villeneuve ne soit pas instruit, et que de trois
points si éloignés quelque chose ne lui arrive.
J'espère encore dans le départ de Ganteaume.

Sur ce, etc.

NAPOLÉON

A Stupinis, le 9 floréal an XIII (29 avril 1805).

MONSIEUR LE COMTE DECRÈS ,

M. Rosily m'a écrit pour me demander à être grand-officier de la Légion d'Honneur. Cela m'est difficile. Missiessy, Gourdon (¹), Lacrosse (²), Magon, sont dans mon esprit au-dessus de lui; il a donc très tort de se comparer à Bruix, à Ganteaume, à vous, à Villeneuve. J'estime même que tout capitaine de vaisseau qui a fait la guerre et qui a quelque mérite, a plus de considération à mes yeux que M. Rosily. Cependant c'est un bon officier; il n'est pas tellement vieux, qu'il ne puisse rendre des services à la mer. Voyez à l'employer, ou bien qu'il reste comme il est; mais que je n'entende plus parler de lui pour aucune espèce d'avancement. Les hommes qui restent à Paris ne peuvent se comparer aux hommes qui s'exposent à tous les

(¹) Vice-amiral, mort à Paris, le 28 juin 1833.

(²) Contre-amiral.

dangers qu'on court à la mer, et dès qu'ils s'é-
lèvent jusqu'à se comparer à eux, il faut le leur
rappeler et les faire rentrer en eux-mêmes.

Sur ce, etc.

NAPOLÉON.

Asti, le 30 avril 1805.

Monsieur Decrès,

J'ai relu avec attention les instructions données à l'amiral Villeneuve. Je suppose qu'il arrivera à la Martinique le 15 de ce mois, et que dès lors il en partira pour se rendre à Santo-Domingo, de là à la baie de San-Yago, le 25 prairial, y restera vingt jours, et après entrera à Cadix. Si l'amiral Magon part avant le 20 ou le 25 floréal, il lui porte l'ordre d'attendre trente-cinq jours et après de se rendre, par le plus court chemin, devant le Ferrol. L'amiral Magon n'arrivera pas avant le 20 ou le 25 prairial, et l'amiral Villeneuve devra attendre jusqu'au 1er thermidor; il ne serait alors rendu devant le Ferrol que le 1er fructidor. Ainsi donc, l'amiral Villeneuve est parti le 9 germinal; lorsqu'il arrivera devant le Ferrol, il y aura cinq mois qu'il sera parti, et il n'aura plus qu'un mois de vivres, en supposant que, pendant son séjour à la Martinique, il ait consommé les vivres de son escadre, ce qui n'est pas probable, surtout pour son biscuit. Toutefois, dans cette hypothèse, qui est la plus désavantageuse, il aurait encore les vivres nécessaires pour achever sa mission ; mais quarante et trente-cinq jours font soixante-quinze jours ; l'amiral aura donc séjourné deux mois et demi aux Antilles. Les Anglais ne seront certains de la marche du général Villeneuve que lorsqu'il sera arrivé, c'est-à-dire le 20 prairial. L'amiral restera donc trente-cinq jours, depuis que les Anglais auront la nouvelle de son arrivée à la Martinique ; cela est, je crois, trop au moins de quinze jours. Il faut donc que, si l'amiral Magon n'est point encore parti, vous écriviez à l'amiral Villeneuve que, dans la lettre que lui porte l'amiral Magon, il est dit qu'il restera trente-cinq jours, mais qu'on avait espéré que le général Magon serait parti quinze jours plus tôt ; que mon intention est donc qu'il ne reste à la Martinique que jusqu'au 15 messidor ; mais si le général Magon n'est point parti au 20 floréal, et que vous n'ayez expédié aucun bâtiment à cette époque au général Villeneuve pour lui dire d'attendre, il sera à penser que le général ne rencontrera plus le général Villeneuve, qui, selon moi, partira le 20 ou le 25 prairial, et alors, il n'y aura plus de possibilité de le joindre que dans la rade de Santiago. Je penserai qu'il sera alors convenable que l'amiral Magon se rende dans cette rade pour porter l'ordre au général Villeneuve de se porter sur-le-champ sur le Ferrol. Quant aux mouvements de l'escadre de Brest, ils dépendent des mouvements de l'escadre de Rochefort. Si l'amiral Magon est parti avant le 20 floréal, et que l'amiral Ganteaume ne soit pas parti au 1er prairial, il ne reste plus à l'amiral Ganteaume que d'attendre tranquillement.

P. S. La saison étant déterminée pour les jours de départ et d'arrivée, vous êtes plus à même de les juger. Faudra-t-il à l'amiral Magon plus ou moins d'un mois pour arriver à la Martinique? S'il ne lui faut qu'un mois, il est clair qu'en partant le 20, il y a toute probabilité qu'il joindra l'amiral Villeneuve. J'ai mis que l'amiral Magon pourrait partir le 23; comme cela dépend d'une manière de voir, vous pouvez ne mettre que le 20, si vous craignez que l'amiral ne soit déjà parti.

Sur ce, etc.

NAPOLÉON.

Alexandrie, le 4 mai 1805.

Monsieur Decrès, votre lettre du 8 floréal m'annonce que l'amiral Magon est prêt à partir. Vous devez être sans inquiétude sur le Ferrol ; l'escadre espagnole n'aura pas un mois de vivres, elle en aura six. Vous croyez que B... fait quelque chose, c'est la mouche du coche. Ce grand nombre de vaisseaux espagnols qu'il dit être en armement ne le sont pas ; les Espagnols ne peuvent en armer plus qu'ils n'ont d'équipage, et il serait ridicule que j'allasse refroidir leur zèle ; ne faites donc rien : on ne réagit pas sur des alliés, et on fait à peine ce que l'on veut, sur ce point, dans ses propres ports. Quant aux troupes qui doivent s'embarquer sur l'escadre du Ferrol, elles sont indispensables pour dérouter l'ennemi, en supposant qu'elle se réunisse à l'amiral Ganteaume. Si, cependant, au lieu de se réunir à l'amiral Ganteaume, cette escadre se réunissait à l'amiral Villeneuve, je serais à temps de faire connaître d'ici à deux mois ce qu'il faudrait faire. Les tempêtes que vous me dites exister sur l'Océan me font espérer qu'enfin Ganteaume sortira. Je crois que le nombre des vaisseaux espagnols que l'amiral Villeneuve pourrait rallier à Cadix ne serait qu'égal à celui des vaisseaux anglais qu'il attirerait. Si l'Espagne envoie les 6 vaisseaux de Carthagène à Toulon, je ferai une telle peur aux Anglais, qu'ils seront forcés d'y tenir une force imposante; car je menacerai l'Egypte de tant de manières et si évidemment, qu'ils craindront un grand coup; ils croiront que mes escadres vont aux Indes Orientales, ce qui dès lors paraîtrait être une opération combinée. Ajoutez que la saison dans laquelle nous allons entrer est la véritable saison pour une expédition d'Egypte. Si les Anglais sont obligés de tenir 6 vaisseaux à Toulon et 6 vaisseaux à Cadix pour être maîtres du détroit, ce sera une belle et puissante diversion. Quand l'amiral Villeneuve se présentera devant le Ferrol, il n'y trouvera pas une escadre anglaise égale à celle qui doit le joindre, car les Anglais observeront plutôt qu'ils ne bloqueront le Ferrol; d'ailleurs l'escadre anglaise du Ferrol ne saura pas où va Villeneuve, elle ne saura pas si l'escadre qu'elle voit n'est pas celle de Brest.

Villeneuve a déjà avec lui 22 vaisseaux ; en supposant que Magon le rejoigne, cette force serait suffisante pour se présenter devant Brest, l'amiral Ganteaume surtout étant prévenu. Soyez certain qu'il trouvera au Ferrol plus de 14 vaisseaux français ou espagnols, ce qui rompra tout équilibre, quand même les 7 ou 8 vaisseaux anglais joindraient à temps Cornwallis. Parlez à Vanderberg et à Ouvrard pour qu'ils fassent passer du biscuit au Ferrol. Missiessy va arriver: il y aurait un projet qui pourrait avoir quelque avantage, ce serait de le faire venir à Toulon, avec les 6 vaisseaux de Carthagène ; cela ferait 11 vaisseaux. L'*Annibal*, qui pourrait être propre à une campagne d'été, ferait le 12ᵉ: ou les Anglais me les bloqueraient, ou ils ne me les bloqueraient pas. S'ils les bloquent, je ne les fais point sortir, et j'occuperai ainsi entre Cadix et Toulon 20 vaisseaux de guerre anglais ; s'ils ne les bloquent pas, je les enverrai à Cadix se joindre aux 8 vaisseaux espagnols et venir débloquer le Ferrol. Cette hypothèse ne paraît pas très probable, car la garnison de Malte serait compromise, et l'Egypte leur donnerait alors une alarme épouvantable. J'ai une armée prête à Tarente, et j'y ai 1,000,000 de rations de biscuit. Si Missiessy y arrivait avant le 1ᵉʳ prairial, il pourrait être avant le 5 à Toulon.

Cependant ces combinaisons sont soumises au départ du général Magon. S'il ne partait pas avant le 20 floréal et qu'il dût aller à San-Yago, il faudrait réunir beaucoup de forces à Cadix : l'escadre de Carthagène approvisionnée, et l'escadre de l'amiral Missiessy pourraient nous offrir à Cadix une vingtaine de vaisseaux. Dans cette hypothèse, il serait nécessaire d'avoir à Toulon une certaine quantité de vivres que l'on chargerait sur des flûtes, et que l'amiral Missiessy porterait à Cadix pour l'escadre de l'amiral Villeneuve. Ainsi, si le général Magon n'était point parti et que l'amiral Villeneuve dût aller à San-Yago, quand même l'amiral Magon ne pourrait sortir assez à temps pour arriver dans cette baie, l'amiral Villeneuve doit retourner à Cadix d'après ses instructions. Il ne s'agit plus que de réunir dans ce port le plus de vaisseaux possible; les deux vaisseaux de l'amiral Magon, s'il n'a pu aller à San-Yago, ceux de l'amiral Missiessy et tous les espagnols de Carthagène. J'ai tout à risquer à présent. A la fin de floréal, où il sera décidé si le général Ganteaume et Magon partent ou ne partent pas, les choses seront déjà éclaircies : mais pour être en état d'agir selon les circonstances, il faut beaucoup de vivres à Toulon, à Rochefort, à Brest, à Lorient. Ce n'est donc pas le cas de faire de ridicules économies, d'autant plus que cette dépense ne peut être considérée comme de l'argent perdu. Faites doubler les commandes qui ont été faites, afin que dans le cas où j'aurais besoin de vivres, je les trouve. Calculez les différentes chances qui se présentent, et que partout les vivres ne soient un obstacle à rien. Vous ordonnerez donc bien positivement, que la fin de floréal et les mois de prairial et de messidor soient employés à confectionner le plus de vivres qu'il sera possible dans les ports de Brest, Rochefort, Lorient et Toulon. Après tout, une ration complète coûte 20 sous, c'est donc une avance de deux ou trois millions; je dis une avance, car, quand je n'en aurais pas besoin, les vivres me restent. Et si, par des événements qu'on ne peut calculer, mon grand projet venait à être déjoué, vous entendez bien que je ne veux pas être arrêté par le défaut de vivres. J'ai fait faire du biscuit à Ostende; Savary (¹) m'en a apporté de deux ans; il est sain comme s'il était d'hier. Quand on peut si long-temps garder des vivres, et dans une guerre aussi active, c'est une grande ignorance de ne pas en avoir beaucoup. Je ne veux pas être retardé de deux jours pour raison de vivres. Forcez tous les moyens,

(¹) Contre-amiral, mort le 21 novembre 1808.

et que j'aie, dans mes quatre grands ports, au moins 7 à 8,000,000 de rations de vivres.

Ayez soin, si vous expédiez, indépendamment de l'amiral Magon, de ne rien écrire qui puisse nous gêner ensuite, dans l'incertitude de savoir si un bâtiment est ou non arrivé. C'est dans cette manière de voir que je vous ai prescrit de vous borner, en expédiant un brick à l'amiral Villeneuve, à l'instruire de l'état des choses, et à lui ordonner d'attendre quelques jours, sans lui donner aucun autre ordre. Si le général Magon est parti, j'approuve que les 2 frégates de Lorient partent, quand il sera décidé que Ganteaume ne doit plus partir, et portent à l'amiral Villeneuve l'ordre de se porter sur le Ferrol, sans perdre de temps. Je n'ai pas besoin de vous dire qu'en écrivant par ces frégates vous devez remettre une lettre à chaque capitaine, afin d'en prévenir la perte en cas de séparation ou d'événements malheureux. J'imagine que vous avez fait autant de copies de ma dépêche que l'amiral Magon a de bâtiments, en faisant sentir à cet amiral la nécessité de la faire parvenir à sa destination, et que vous avez donné ordre, en cas de séparation, à ces bâtiments d'arriver.

Sur ce, etc.   NAPOLÉON.

Alexandrie, le 6 mai 1805.

MONSIEUR DECRÈS,

Je reçois votre lettre du 12 floréal. Il paraît que vous avez reçu des dépêches télégraphiques du 11, et que l'escadre de Brest n'était pas partie; cependant les dépêches du 10 annonçaient que l'ennemi s'était éloigné, et faisaient espérer que l'escadre aurait pu sortir.

Envoyez-moi copie de toutes les dépêches que vous avez envoyées à l'empereur par le courrier du 21, quoique expédiées le 20. Ordonnez une presse de matelots à Bordeaux, vous aurez alors de quoi armer la *Thétis*. Mon intention est que toute la flottille batave, chaloupes canonnières et bateaux canonniers, soit réunie à Ambleteuse. Les corvettes de pêche doivent rester à Calais avec une portion des écuries. La question n'est point de savoir si les travaux qu'on fait dans la cunette d'Ambleteuse se comblent ou non, mais bien si cette cunette peut contenir des bateaux. Je pense donc qu'il faut ordonner ce travail, afin que la flottille batave soit contenue tout entière dans ce port. Une fois l'année passée et l'expédition terminée, nous n'aurons plus besoin de tous ces ports de campagne. Il paraît, par la dépêche télégraphique ci-jointe, que l'escadre de Brest aurait pu sortir. Je vous avais ordonné d'envoyer en Corse des frégates pour ramener des conscrits et des marins. L'ennemi ne tient plus la mer actuellement dans ces parages; faites-moi connaître si mes ordres sont exécutés. Je désire que vous m'envoyiez un journal des forces que les Anglais tiennent devant Rochefort, Lorient, Toulon et Marseille.

Sur ce, etc.

NAPOLÉON.

(¹) Pavie, le 8 mai 1805.

Monsieur l'amiral Villeneuve, votre armée, composée de 14 vaisseaux français et de 6 vaisseaux espagnols, sera renforcée au Ferrol par cinq autres de nos vaisseaux, et par 9 vaisseaux du roi d'Espagne; ce qui portera votre force à 16 de nos vaisseaux, et à 15 vaisseaux du roi d'Espagne.

Nous avons 5 vaisseaux et 3 frégates dans la rade de l'île d'Aix, et un vaisseau et une frégate dans la rade de Lorient tout prêts à appareiller. Nous vous laissons le maître de vous détourner de votre route pour rallier ces 6 vaisseaux à votre escadre, consultant à cet effet la nature des vents et des circonstances.

Si notre escadre du Ferrol était plusieurs jours sans pouvoir sortir, vous y verriez une raison pour vous présenter devant l'île d'Aix sans perdre de temps, donnant ordre à l'escadre du Ferrol de vous y joindre, ce qu'elle pourrait faire facilement, puisque vous dispersez la

(¹) Cette lettre était la dépêche adressée à l'amiral Villeneuve, et dont il est parlé page 69.

croisière ennemie. Si, au contraire, les escadres du Ferrol avaient le temps favorable pour sortir et se ranger sous votre pavillon sans éprouver aucun retard, et que les vents fussent tels que vous conçussiez l'espérance de vous porter rapidement à votre destination, peut-être serait-il préférable de laisser de côté l'escadre de Rochefort pour ne point vous détourner de votre route, parce que tout retard aurait pour résultat de rendre plus considérable la croisière ennemie devant Brest. Vous manœuvrerez donc pour opérer votre réunion avec l'escadre de l'amiral Ganteaume, mouillée en avant du Goulet sous la protection des batteries considérables que nous avons fait établir entre Bertheaume et Camaret. Depuis un mois, l'ennemi n'a été signalé qu'au nombre de 15, de 18, et jamais plus de 20 vaisseaux. Notre intention est que vous fassiez votre jonction en évitant le combat, et que si vous êtes contraint à un combat, il ait lieu le plus près possible de Brest, afin que l'amiral Ganteaume puisse y prendre part. Nous estimons que, dans votre marche du Ferrol à Brest, vous devez changer de direction, afin d'éviter de rencontrer la croisière devant Brest, si elle prenait le parti de s'avancer à 15 ou 20 lieues au-devant de vous. Dans votre dernière fausse route, vous devrez vous diriger sur le cap Lézard, de manière à ne pouvoir rencontrer l'ennemi, ou à le rencontrer le plus près qu'il vous sera possible de Brest.

Votre jonction faite avec l'escadre de l'amiral Ganteaume vous renforçant de 21 bons vaisseaux, vos forces seront beaucoup plus considérables que celles que l'ennemi pourrait vous opposer, et vous vous dirigerez sur Boulogne, où nous serons de notre personne.

De toutes les opérations, celle-ci me paraît préférable comme la plus sûre. Mais si, arrivé devant le cap Lézard, des vents ou d'autres circonstances favorables vous portaient à penser qu'il vous fût possible d'entrer dans la Manche, de gagner plusieurs jours sur l'escadre ennemie de Brest, et d'arriver trois ou quatre jours avant elle devant Boulogne, nous vous laissons le maître de ne point vous approcher de Brest et de venir sur Boulogne. Si votre présence nous rend maître de la mer pendant trois jours devant Boulogne, nous avons toute faculté de faire notre expédition composée de 160,000 hommes embarqués sur 2,000 bâtiments.

Cherbourg est armé, et peut contenir votre escadre et la protéger contre toute espèce de forces. Nous avons des vivres pour votre escadre à Brest, Cherbourg et Boulogne.

Nous nous en rapportons entièrement à votre zèle, à votre expérience, à votre connaissance parfaite de la mer et des localités où vous allez agir, pour faire tout ce qui paraîtra convenable pour remplir le but que nous nous sommes proposé.

Après la connaissance que nous avons de la distribution des forces ennemies, nous avons lieu de croire qu'avec une escadre plus forte que 16 vaisseaux de guerre, nous serions devant Boulogne maître absolu de la mer, en supposant que l'escadre de Brest eût été dépassée et laissée en arrière.

Notre ministre de la marine est chargé de vous écrire en détail pour vous recommander toutes les précautions possibles pour que l'amiral Ganteaume soit prévenu de tous vos mouvements, soit à votre départ du Ferrol, soit à votre arrivée sur les parages de Brest.

La direction que vous devez prendre immédiatement après votre jonction au Ferrol dépend de tant de circonstances différentes, que je ne puis que m'en rapporter à votre expérience de la mer, et à votre zèle pour mon service. En effet, tant d'événements se sont passés depuis votre départ pour la Martinique; la connaissance des forces ennemies que vous avez attirées en Amérique, la force de l'escadre du Ferrol et de la croisière ennemie devant ce port, la situation de notre armée, sont autant d'éléments nécessaires pour ordonner impérieusement de votre destination ultérieure.

Le but principal de toute l'opération est de nous procurer pendant quelques jours la supériorité devant Boulogne. Maître du détroit pendant quatre jours, 150,000 hommes embarqués sur 2,000 bâtiments achèveraient entièrement l'expédition. Pour arriver à ce grand but, immédiatement après votre apparition au Ferrol, vous aurez quatre partis à prendre.

Le premier, de vous porter devant Rochefort, et de vous réunir aux cinq vaisseaux que j'ai dans cette rade. J'ai envoyé des instructions au vaisseau *le Régulus*, qui est à Lorient de vous joindre ainsi qu'un nombre de 25 vaisseaux français et 15 vaisseaux espagnols, de faire votre réunion avec l'escadre de Brest, et, au nombre de plus de 60 vaisseaux de ligne, d'entrer dans la Manche.

Le deuxième parti est de laisser l'escadre de Rochefort, qui occupe un pareil nombre de vaisseaux ennemis, et de vous diriger le plus promptement possible sur Brest, pour opérer votre jonction avec l'amiral Ganteaume.

Le troisième parti serait, après votre jonction avec l'escadre du Ferrol, de doubler l'Irlande , et vous joindre à l'escadre du Texel, forte de 7 vaisseaux, et au convoi, et d'arriver devant Boulogne.

Le quatrième parti paraît devoir être celui de se diriger sur le cap Lézard, et à 30 lieues au large, de profiter d'un vent d'ouest pour longer la côte d'Angleterre, éviter la rencontre de l'escadre qui bloque Brest, et arriver 4 ou 5 jours avant elle devant Boulogne. Pour chacune de ces opérations, en calculant les vivres que vous trouverez à bord des vaisseaux français et espagnols, les vivres que vous trouverez à Rochefort, vous en serez suffisamment pourvu ; et prévoyant, dès long-temps, votre expédition, j'en ai fait réunir une grande quantité à Brest, Cherbourg et Boulogne. Si vous prenez le parti de faire votre réunion avec l'escadre de Brest, vous devez tenter de le faire sans combat, et, si cela est trop difficile, calculez de manière à vous battre le plus près de Brest qu'il vous sera possible, et à cet effet de tromper l'ennemi par de fausses routes, si, sur la nouvelle de votre apparition au Ferrol, il prenait le parti de marcher une vingtaine de lieues à votre rencontre. Si, au contraire, vous prenez le parti de doubler l'Irlande, vous devez passer hors des vues des côtes, et rendre votre navigation la plus inconnue que possible, qui pendant un temps vous croira retourné dans la Méditerranée, comme on ne manquera pas de le répandre par tous les moyens.

●L'amiral Ganteaume, avec 21 vaisseanx approvisionnés pour 6 mois, est mouillé dehors du Goulet, entre Bertheaume et Camaret, sous la protection des batteries de plus 150 bouches à feu. Du moment de votre arrivée au Ferrol, il mettra à la voile ; il se trouve avoir des facilités pour sortir qu'il n'aurait point dans toute autre position, en dedans du Goulet. Dans le cas où vous préféreriez votre réunion avec Brest, vous aurez soin de prévenir par des bricks que vous ferez aborder sur la côte la plus près de Brest, avec un officier qui ne perdrait pas un moment pour se rendre auprès de l'amiral Ganteaume.

Si vous doublez l'Irlande, vous irez au Texel ; des instructions positives y ont été envoyées, ainsi que sur la situation de l'ennemi dans ces parages.

Si, par les événements survenus en Amérique ou dans le cours de notre navigation, vous vous trouviez dans une situation qui ne vous permît pas de remplir ces instructions, et que vous ne dussiez penser à aucune nouvelle opération, vous ferez partir l'escadre de l'amiral Gourdon avec les 3 ou 4 vaisseaux meilleurs marcheurs espagnols du Ferrol, pour établir une croisière conformément aux instructions ci-jointes : notre intention est que vous leviez le blocus de Rochefort, que vous donniez les instructions ci-jointes au capitaine Allemand[1], dont vous favoriserez la sortie, et que, cela fait, vous rameniez mon escadre à Cadix, que vous favorisiez l'escadre de Carthagène à Cadix, que vous occupiez le détroit, que vous ravagiez la rade de Gibraltar, et que vous vous approvisionniez là de vivres.

Ce serait avec bien du regret que je verrais que ces dernières circonstances, quelques combats même avec des forces inférieures que vous auriez soutenus, des circonstances de séparation et d'autres événements, ajourneraient l'époque de notre opération importante. J'ai voulu toutefois pourvoir aux partis que vous auriez à prendre dans des événements que je ne puis calculer, et dont je ne puis avoir connaissance.

Sur ce, etc.

NAPOLÉON.

[1] Vice-amiral, mort à Toulon, le 2 mars 1826.

Pavie, le 8 mai 1805.

Monsieur Decrès, j'ai reçu votre lettre du 11. Magon est parti, cette nouvelle m'est bien précieuse; dès lors toutes les hypothèses sur Santiago sont à bas, et il est de toute évidence que l'amiral Villeneuve se dirigera sur le Ferrol. Si la frégate *la Didon* n'est pas partie, vous la chargerez de modifications aux instructions dont le général Magon est porteur, et vous lui ordonnerez, au lieu de rester 35 jours, de ne rester qu'un mois. Si *la Didon* était partie, faites alors partir *la Topaze*. Vous ferez connaître, par cette frégate, l'état des choses à l'amiral Villeneuve; vous lui direz que mon intention n'est pas qu'il reste en Amérique plus d'un mois après l'arrivée de l'amiral Magon; que si l'amiral Ganteaume peut sortir avant le 1er prairial, il sortira; que, passé le 1er prairial, il ne sortira plus, et l'attendra de pied ferme.

Ainsi donc, au plus tard, le 10 messidor, Villeneuve doit marcher et arriver comme un trait sur le Ferrol. Quant à Ganteaume, si au 13 floréal il n'est pas parti, mon intention est qu'il ne sorte plus, mais qu'il reste cependant toujours embarqué, toujours en haleine, toujours bien approvisionné. Vous lui ferez connaître alors le plan de campagne ; mais pour qu'il se tienne plus sur ses gardes, vous lui annoncerez que Villeneuve doit paraître devant Brest du 20 au 30 messidor. Je pense qu'il est assez utile que vous fassiez mettre dans les journaux de Hollande qu'une nouvelle escadre, sous les ordres de l'amiral Magon, forte de 3 vaisseaux et de 4 frégates, est partie de Rochefort, qu'elle a à bord cet officier qui devait amener Lauriston, que vous nommerez, et qu'on dira avoir été prisonnier à Sainte-Hélène tant de temps. En définitive, je tiens invariablement à ce système ; Ganteaume doit sortir, s'il le peut, jusqu'au 30 floréal à minuit. Au moment du lever du soleil, du 1er prairial, aurait-il toutes les occasions possibles, il attendra de pied ferme à Brest, et ne sortira plus. L'amiral Villeneuve sera instruit de ces dispositions par *la Topaze* ; il aura l'ordre, le 10 messidor, de partir ; *le Président* partira de Lorient le 1er prairial ; il fera connaître à Villeneuve que Ganteaume n'est pas parti, qu'il ne doit plus perdre une heure, qu'il est inutile qu'il attende davantage. A cet effet, vous ordonnerez à Ganteaume, si le 30 floréal à minuit il n'est pas parti, d'expédier aussitôt un courrier au commandant du *Président* pour le faire partir sur-le-champ. Par ce moyen, on épargnera beaucoup de jours. Le paquet aura été envoyé d'avance au commandant du *Président*. Au 25 messidor je serai sur la côte, et au 10 thermidor j'attendrai le retour de mes escadres.

Quant au *Régulus* et à *la Cybèle*, si je pouvais les envoyer au Sénégal ravager les colonies anglaises d'Afrique, cela obligerait les Anglais à y envoyer 2 vaisseaux ; si cela n'est pas possible , faites-les armer promptement, et je les combinerai avec l'escadre de Missiessy, dont le retour me paraît imminent. Quant au Ferrol, faites armer les 5 vaisseaux. Quand le 1er prairial sera arrivé, j'écrirai en Espagne pour que tous les efforts soient dirigés sur ce port ; j'ai la confiance que j'y aurai 10 vaisseaux espagnols ; Villeneuve aura alors 19 vaisseaux français et 16 espagnols ; total 35 vaisseaux français. Il sera facile de faire que l'ennemi n'en ait devant Brest que 18 ; il n'y aura qu'à faire grand bruit de 2 vieux vaisseaux de l'escadre , et les faire rentrer dans le port ; mais il faut d'abord gagner l'époque du 1er prairial. Tâchez donc de faire armer *l'Océan*, si vous pouvez, ne serait-ce que pour le combat de Brest. Il y aurait tout le temps de faire à Bertheaume toutes les batteries qu'on voudrait. Donnez l'ordre à l'amiral Ganteaume et au préfet maritime de les faire faire sur-le-champ par la marine. Il me semble qu'il peut y avoir tel cas où une forte protection bien assurée là peut être très importante. Je pense aussi que vous ferez armer toutes les chaloupes canonnières qui sont à Brest, ne fût-ce qu'avec des ouvriers et les mouvements du port. Ce seront des ressources précieuses au mois de messidor et au moment du combat ; mais nous avons le temps de penser à tout cela. Pressez l'armement du *Régulus* et des vaisseaux du Ferrol. Écrivez à M. Schimmel penninck (¹) pour faire armer les 2 autres vaisseaux qu'on a, afin qu'on les envoie au Texel, pour obliger l'ennemi à renforcer sa croisière d'Yarmouth.

P. S. Je vous recommande les vivres ; que j'en aie à Cherbourg, à Brest, à Boulogne ; que l'amiral Missiessy, quelque part qu'il se présente,

----

(¹) Alors grand pensionnaire inamovible de la Hollande, mort le 13 février 1825.

ne soit pas arrêté d'une heure; enfin il me faut des vivres partout, arrangez-vous en conséquence; donnez ordre au contre-amiral Gourdon de vous envoyer tous les cinq jours, pour vous instruire des mouvements des croisières; cela est nécessaire pour les opérations de Missiessy.

Sur ce, etc.

NAPOLÉON.

Milan, le 10 mai 1805.

MONSIEUR DECRÈS,

Nos nouvelles de Londres portent que le 25 avril, c'est-à-dire le 5 floréal, on ne savait rien du départ de la flotte de Toulon, je ne dis pas de son arrivée à Cadix, mais de son départ de Toulon. Il y avait un mois qu'elle était partie de nos ports et quinze jours qu'elle était passée à Cadix, et ces Anglais si vantés, qui prétendent être instruits de tout, qui ont des agents partout, des courriers bottés partout, ne savaient rien. Cela nous fait grand bien, car l'expédition secrète est partie. Si elle est destinée pour le cap de Bonne-Espérance, comme je l'imagine, la crainte de voir cette expédition interceptée par l'escadre française va leur donner un nouveau stimulant, et ils s'empresseront de faire partir de nouveaux vaisseaux pour les Indes. Il paraît que, le 14 floréal, il y avait 27 vaisseaux devant Brest; aucune nouvelle ne pouvait m'être plus agréable; cela suppose que le 14 on savait à Londres le passage de la flotte devant Cadix,

et qu'on la croyait encore destinée pour Brest.
Ainsi l'amiral Villeneuve, le 14 floréal, était
arrivé, et les Anglais l'attendaient encore à
Brest. L'amiral anglais qui est à la poursuite de
Missiessy, selon les indices que j'ai, aura été
au cap de Bonne-Espérance. Il paraît que *la
Ville de Milan* a été prise, mais non *la Cléopâtre* qui s'est sauvée. Les renseignements que
j'ai me donnent lieu de croire que *la Cléopâtre*
était loin de *la Ville de Milan*, et n'a pu prendre
part au léger combat qui a eu lieu contre *le
Léandre*; que le commandant de *la Ville de
Milan*, voyant que l'état de délabrement où elle
était la compromettait, lui fit le signal de s'é-
loigner, et que, lorsqu'il la vit hors de danger,
il amena son pavillon; c'est dans ce sens que
vous devez en parler. Je recevrai probablement
demain lés nouvelles de Bordeaux qu'a appor-
tées *le Dauphin*. Il a fait ici, cette nuit, un
ouragan épouvantable; s'il a régné à Brest, rien
n'aura pu s'opposer au départ de Ganteaume.

Sur ce, etc.

NAPOLÉON.

Milan, le 13 mai 1805.

MONSIEUR DECRÈS ,

Je reçois vos lettres du 17 et 18 floréal. Il paraît que l'escadre de l'amiral Missiessy est partie le 25 ou 26 ventose ; elle est restée à la Martinique moins d'un mois. Elle a dû partir de Santo-Domingo avant le 1er avril, elle ne doit pas mettre plus de quarante jours pour revenir de Santo-Domingo en France ; elle devrait donc être rentrée au 10, nous sommes au 12. Si elle est arrivée, hâtez-vous de m'informer en détail des affaires. Vous aurez reçu la lettre que je vous ai écrite il y a deux jours ; faites que l'escadre ne communique point avec la terre ; faites-y mettre des vivres, et envoyez-la sans délai à la Martinique ; ne partirait-elle que le 5 prairial, elle arriverait à temps. Je pense qu'il est probable qu'elle arriverait avant le 10 messidor. Vous pouvez faire embarquer 100 hommes de supplément d'équipage sur chaque vaisseau , qui peuvent être fournis par les canonniers de Rochefort. Au pis aller , voici un ordre que je vous envoie, pour que 600 hommes soient mis à votre disposition. Quand vous recevrez cette lettre, vous aurez reçu l'ordre de faire approvisionner sur-le-champ l'escadre du Ferrol.

Si l'escadre de l'amiral Missiessy est arrivée le 14 ou le 15, comme le fait croire la lettre du commissaire de La Rochelle, elle peut partir avant le 5 prairial. Cependant, si le cas arrivait qu'arrivée à la Martinique, elle trouvât que l'amiral Villeneuve en est parti, et qu'elle n'eût plus aucun espoir de le joindre au Ferrol, vous laisserez manœuvre indépendante à l'amiral Missiessy; il ravagera le commerce ennemi partout où il se trouvera; et surtout si le général Lauriston n'a pas pris la Dominique et Sainte-Lucie; il favorisera l'expédition de la Dominique qui sera faite par le général Ernouf; l'attaque en sera faite sur les deux points de l'île; il y sera employé 2,000 hommes de la Guadeloupe, et 2,000 hommes de la Martinique. Ceux de la Martinique seront commandés par un général de brigade, et ceux de la Guadeloupe par le capitaine-général Ernouf en personne, qui aura le commandement général de l'expédition. Il faudra donc qu'à tout hasard l'amiral soit porteur d'une dépêche, dont l'objet sera que, si le général Ernouf juge l'expédition de la Dominique possible, il l'attaque avec ses forces et que le capitaine – général Villaret expédie, le plus tôt possible, 2,000 hommes de la garnison de la Martinique pour attaquer l'île par le Roseau. Une fois conquise, l'île serait sous les ordres du capitaine-général Ernouf, qui la ferait commander par un général de brigade ou de division. Dans tous les cas, approvisionnez l'escadre de tout ce dont elle a besoin, et faites-la partir. Je ne pense pas qu'elle soit bloquée à Rochefort avant le 10 prairial. Si la Martinique, la Guadeloupe et la Dominique étaient en bon état, et que Villeneuve fût parti, Missiessy attaquera Sainte-Lucie, et si cette île était en notre pouvoir, il porterait à Santo-Domingo les 600 hommes qu'il a. Il y débarquera aussi de la poudre ; je vous renvoie vos dépêches. Je fais mettre dans le *Moniteur* l'historique des opérations aux îles du Vent.

Sur ce, etc.

NAPOLÉON.

Milan, le 24 floréal an 13 (14 mai 1805).

Monsieur Decrès, ministre de la marine.

L'aide de camp Fanjas va et revient très souvent de la Guadeloupe en France. Je suis surpris que, lorsque vous lui avez demandé s'il avait des dépêches pour moi, il ne vous les ait pas remises. Il m'en fait parvenir deux par des voies particulières. Je pense qu'il serait assez convenable de le mettre aux arrêts pendant quarante-huit heures, et cela de votre propre mouvement, pour ne pas vous les avoir remises, car c'est manquer à un ministre que de se conduire ainsi. Il avait aussi d'autres lettres qu'il a répandues dans Paris. Après l'avoir tenu quarante-huit heures aux arrêts, et lui avoir témoigné mon mécontentement, vous le ferez partir. Vous écrirez au capitaine-général Ernouf que je ne suis point satisfait de la conduite de son aide de camp, que les comptes que me rendent les capitaines-généraux ne doivent pas être rendus à des particuliers, quel que soit leur rang dans l'État et la confiance dont je les honore, qu'il n'envoie plus l'aide de camp Fanjas, mais un aide de camp d'un grade plus simple. Vous devez ordonner que toutes les lettres quelconques adressées à des particuliers, venant des colonies, vous soient remises dans une valise. Cela n'empêche pas qu'un capitaine-général ne charge un officier de remettre une lettre à l'empereur; mais cet officier doit en prévenir le ministre, et se rendre sur-le-champ auprès de l'empereur. L'aide de camp Fanjas s'est en cela fort mal comporté; il devait à l'instant même se rendre auprès de moi, pour me remettre la lettre de son capitaine-général.

Sur ce, etc.

NAPOLÉON.

Milan, le 25 mai 1805.

MONSIEUR DECRÈS,

Il est donc décidé que l'escadre de Brest ne sortira pas? Soyez certain que les Anglais vont faire des expéditions de troupes et de vaisseaux pour l'Amérique, et qu'ils ne garderont pas plus de 21 ou 22 vaisseaux devant Brest. L'amiral Villeneuve, avec ses 34 vaisseaux, pourra donc faire sa jonction avec l'amiral Ganteaume. Il reste aujourd'hui à correspondre avec ce dernier pour savoir les précautions qu'il a à prendre pour être prévenu de l'arrivée de l'amiral Villeneuve, et concerter les mesures nécessaires pour être à portée de le secourir et d'opérer la diversion. L'escadre de Carthagène va se rendre à Cadix, et l'on me promet 15 vaisseaux de ligne avant le 15 messidor. L'amiral Missiessy, comme je vous l'ai écrit hier, pourra être envoyé à Cadix; mais il ne faut point s'épuiser en raisonnements. Le principal est de ramasser des vivres, et d'en avoir à Rochefort une ou deux flûtes chargées pour le suivre. La célèbre expédition secrète est entrée le 7 mai à Lisbonne, et en est repartie le 10; elle est composée de 2 vaisseaux de guerre et de 1 corvette, et de 50 bâtiments de transport portant 5 à 6,000 hommes; il paraît qu'elle s'était refugiée à Lisbonne, dans la crainte de l'amiral Villeneuve. Où va-t-elle? C'est un pro-blème. Mon opinion est qu'elle n'a rien de rai-sonnable à faire que de prendre le cap, ou de porter des secours à la Jamaïque ou aux îles du Vent. Si elle est destinée pour Malte, tant mieux, rien ne prouvera davantage l'ineptie du cabinet anglais, car ces combinaisons de mouvement du continent fondées sur des détachements de quel-ques mille hommes, sont des combinaisons de pygmées. Si donc il nous revient que cette ex-pédition est allée à Malte, réjouissez-vous, car les Anglais se seront privés de 6,000 hommes et d'un certain nombre de bâtiments. Tous les rapports que je reçois s'accordent à dire que les Anglais embarquent des troupes de tous côtés. Il paraît que l'escadre de l'amiral Nelson a mouillé le 15 floréal à Gibraltar. Il résulte de l'état de la marine anglaise que vous m'avez en voyé qu'ils ont 23 vaisseaux devant Brest, 6 contre la flottille et l'escadre du Texel, 3 à la Jamaïque, 8 aux Indes, 14 dans la Méditerranée,

6 à la poursuite de l'amiral Missiessy, et 11 au Ferrol et à Gibraltar. Ce nombre de bâtiments n'est pas bien considérable. On peut compter que les 23 vaisseaux qui sont devant Brest y resteront; que les 6 d'Yarmouth et de la Manche y resteront; que les 3 qui sont aux Indes y resteront; que les 14 qui sont dans la Méditerranée y resteront en partie; que les 6 qui sont à la poursuite de Missiessy ne seront pas de retour; et qu'ils vont expédier à la suite de l'amiral Villeneuve une vingtaine de vaisseaux qu'ils composeront comme ils le voudront, mais qui, en dernière analyse, apportera une diminution de 5 ou 6 vaisseaux dans la Méditerrannée, d'environ autant aux escadres de Gibraltar et du Ferrol. Ils pourront les compléter avec tous ceux qu'ils pourront armer et équiper par la presse, avec toute l'activité possible. Enfin, nous avons l'initiative de la campagne. En total, je vois qu'ils n'ont que 72 vaisseaux de ligne, compris 12 aux Indes et à la Jamaïque. Il ne leur reste donc réellement que 60 vaisseaux dans nos mers. Je crois être certain que l'escadre qui est à la poursuite de Missiessy est allée aux Indes-Orientales; si cela était, ils n'auraient que 54 vaisseaux dans nos mers. Ils en feront partir 20 à la suite de l'amiral Villeneuve, ce qui ne leur en laissera

que 34 dans nos mers; mais l'urgence des circonstances leur fera armer les 12, ou environ, qu'ils ont dans les ports d'Angleterre, ce qui leur fera 46 vaisseaux qu'ils distribueront de la manière suivante : 22 à Brest, 10 au Ferrol, 3 à Torbay, 6 à Gibraltar, 4 à Yarmouth. Je ne comprends pas dans ce nombre les vaisseaux au-dessous de 74 dont il paraît qu'ils ont à Brest 1 ou 2, au Ferrol 1 ou 2, à Cadix 1 ou 2, à Yarmouth 5 ou 6, contre la flottille de Boulogne 5 ou 6. Il est une vérité, c'est que par l'état que vous m'avez remis, qui se trouve conforme aux miens, les Anglais ont 111 vaisseaux dont 3 de garde qui ne comptent pas, 16 servant de prisons ou hôpitaux qui ne comptent pas ; il ne leur en reste donc plus que 92. Sur ces 92, 21 sont en armement, c'est-à-dire manquent d'équipage; reste donc à 72; sur ces 72, ils en tiendront toujours depuis les événements passés, 8 ou 10 aux Indes, 3 ou 4 à la Jamaïque, 3 ou 4 aux îles du Vent, partant 16 ou 18 vaisseaux : il ne leur resterait donc que 54 ou 56 vaisseaux; et avec cela, il faut qu'ils bloquent Cadix, le Ferrol, Brest, et qu'ils soient à la poursuite de Villeneuve et de Missiessy.

Voici l'état de nos forces, pour ne pas exagérer : 21 vaisseaux à Brest, 15 à Cadix, 12 au

Ferrol, 20 de l'escadre de l'amiral Villeneuve, 1 à Lorient, 5 de l'escadre de l'amiral Missiessy; total 74 ; mais sur ces 74, les 15 de Cadix ne m'occuperont que 6 vaisseaux anglais; il faut donc ôter 9 de 74 ; il me reste en total, 65 vaisseaux que je puis réunir avec quelques chances heureuses; et il y a toute probabilité que les Anglais, après toutes les opérations terminées, ne pourront jamais réunir 65 vaisseaux. Je pense que vous devez faire un tableau de cette situation de forces respectives à l'amiral Villeneuve, au moment de son arrivée au Ferrol. Rien ne donne plus de courage et n'éclaircit plus les idées que de bien connaître la position de son ennemi.

Sur ce, etc.

NAPOLÉON.

Milan, le 9 juin 1805.

Monsieur Decrès, je reçois votre lettre du
15 prairial, et celle du 16. Tout me porte à
penser que les Anglais ont enfin expédié
15 vaisseaux aux Grandes-Indes, du moment
où ils ont appris que l'amiral Cochrane était
arrivé à la Barbade, et que notre escadre était
partie de ces parages 15 jours avant. La prompte
rentrée de l'escadre de Rochefort a eu cela
d'heureux, qu'elle a ôté toute idée de réunion
des deux escadres : l'escadre de l'amiral Orde (¹)
a été tout entière devant Brest; il n'a jamais eu
que 3 vaisseaux de 74; le reste est de 64 ou 5o.
Il est très incertain de savoir ce qu'a fait Nelson : il serait très possible que les Anglais ayant
envoyé 15 vaisseaux aux Grandes-Indes, armés
et équipés à neuf, eussent fait partir en même

____

(¹) Amiral anglais.

I.

temps Nelson pour l'Amérique. Je suis d'opinion, cependant, que Nelson est encore dans les mers d'Europe. Le sentiment le plus naturel est qu'il devrait être rentré d'Angleterre pour se ravitailler et verser ses équipages sur d'autres bâtiments ; car ses vaisseaux ont besoin d'entrer dans le bassin, et son escadre peut être considérée comme étant en très mauvais état. Je pense que l'amiral Collingwood (1) n'est parti pour sa destination que le 21 mai. L'escadre de l'amiral Cochrane est dans le plus mauvais état ; je ne doute pas qu'il ne séjourne à l'Amérique pour s'y reposer et s'y ravitailler.

Je vois avec plaisir le bon état de l'escadre du Ferrol, et la bonne situation de ses approvisionnements. Il paraît que le Ferrol n'est point bloqué ; ainsi, Villeneuve n'aura là aucune espèce de combat à essuyer. Il paraît que le contre-amiral Gourdon a besoin de courriers ; écrivez-lui par des courriers extraordinaires qu'il gardera, et du retour desquels il profitera pour donner des nouvelles. Faites-lui connaître que j'ai demandé à l'Espagne d'augmenter l'escadre du Ferrol, et de la porter jusqu'à 10 vaisseaux : il serait peut-être convenable de charger un

(1) Amiral anglais, mort en mer le 7 mars 1810.

transport de farine, lequel en porterait quelques sacs à chaque vaisseau de l'amiral Villeneuve ; car ma crainte est que s'il n'a pas vécu, à la Martinique, sur le journalier, il ne manque de vivres. Je ne puis que vous réitérer ce que je crois vous avoir dit, de tenir en règle et d'approvisionner de vivres les deux frégates, ou au moins une, afin de pouvoir y verser les équipages, si quelque bâtiment de l'escadre était obligé d'entrer dans le port.

Venons aux opérations de l'escadre de Rochefort : les Anglais détacheront , sans nul doute, quelques vaisseaux pour courir sur cette escadre ; mais ils ne rentreront pas à Ouessant ; votre défaut est de calculer comme si les Anglais étaient dans le secret ; il faut calculer comme doit le faire l'amirauté : 100,000 hommes sont à Boulogne, 7 vaisseaux de guerre sont au Texel avec une armée de 30,000 hommes, et une escadre de 22 vaisseaux de guerre est dans le port de Brest. Il peut arriver que l'escadre de l'amiral Villeneuve revienne brusquement sur l'Europe ; mais aussi elle peut aller aux Indes et à la Jamaïque ; et quelle immense responsabilité pèse sur la tête de ces ministres , s'ils laissent passer trois ou quatre mois sans envoyer des forces au secours de ces colonies ! Les

Anglais doivent donc envoyer une escadre à la
suite de l'amiral Villeneuve? Le parti qu'ils ont
pris d'en envoyer une aux Indes, dès qu'ils ont
su l'arrivée de l'amiral Cochrane aux îles du
Vent, prouve qu'ils n'ont pas de doute que Villeneuve soit allé là. Si j'étais dans l'amirauté de
Londres, il me semble que j'aurais envoyé quelques escadres légères aux Indes et en Amérique,
et que j'aurais préparé une forte escadre d'une
vingtaine de vaisseaux que je n'aurais expédiée
qu'au moment où j'aurais été certain de la destination de l'amiral Villeneuve. Dans la seconde
hypothèse, j'aurais craint aussi le brusque retour de l'amiral Villeneuve sur l'Angleterre, sa
réunion à l'escadre de Brest, sans passer par
le Ferrol ;. et dès lors je n'aurais laissé qu'une
égère croisière au Ferrol pour maintenir une
plus grande force devant Brest : mais j'aurais
pu craindre aussi que l'escadre ennemie vînt au
Ferrol, et, forte de 35 vaisseaux, fît le tour de
l'Irlande pour se joindre à l'escadre du Texel ;
ou que, sans passer devant Brest ni au Texel,
elle vînt par le chemin le plus droit reconnaître la Norwège et se laisser affaler sur Boulogne.
Ces craintes se seraient changées en certitudes
et auraient acquis un grand poids, le jour où
j'aurais appris que 6 vaisseaux sont sur les cô-

tes d'Irlande; qu'ont-ils été faire là? Évidemment
se réunir à une autre escadre française, ou bien
faire route pour les Orcades. La moindre chose
à faire aurait donc été de tenir 5 ou 6 vaisseaux
ou frégates sur la côte d'Irlande pour éclairer
et être promptement instruit de tout ce qui se
passe, et pouvoir se porter à Yarmouth pour
renforcer la croisière anglaise. Si l'Angleterre
est pénétrée du jeu sérieux qu'elle joue, elle
doit débloquer Brest; mais je ne sais pas, en
vérité, quelle espèce de précaution elle peut
prendre pour se mettre à l'abri de la terrible
chance qu'elle court. Une nation est bien folle,
lorsqu'elle n'a point de fortifications, point d'armée de terre, de se mettre dans le cas de voir
arriver dans son sein une armée de 100,000
hommes d'élite et aguerris. Voilà le chef-d'œuvre de la flottille; elle coûte de l'argent, mais il
ne faut être maître de la mer que six heures
pour que l'Angleterre cesse d'exister. Il n'y a
point de pêcheur, pas de mauvais gazetier, pas
de femme à sa toilette, qui ne sache qu'il est
impossible d'empêcher une escadre légère d'arriver devant Boulogne. Quant à moi, j'en suis tellement convaincu, que je ne doute pas que les
6 vaisseaux de l'escadre de Rochefort, en tour-
nant l'Irlande, avec quelques chances heureu-

ses, sous pavillon anglais, n'arrivent devant Boulogne.

Faites mettre dans les journaux de Hollande un article contre le système de blocus; faites-y sentir que nous sommes sortis de Brest quand nous l'avons voulu; que Bruix est sorti tel jour, Morard de Galle (¹) tel jour, Ganteaume tant de fois; que dans sa dernière sortie à Bertheaume, rien ne l'empêchait de sortir, et que l'escadre le savait tellement, qu'elle mit à la voile; qu'il est donc impossible de bloquer le port de Brest, surtout aux mois de septembre et d'octobre. Ce article fera sentir que nous ne voulons pas sortir, mais tenir l'ennemi en échec. Apprenez-moi que *le Suffren* est à l'île d'Aix; qu'on désarme, s'il le faut, une frégate et les bâtiments gardes-côtes, et que vingt-quatre heures après l'arrivée de votre courrier, *le Suffren* soit à la voile pour l'île d'Aix.

Sur ce, etc.

NAPOLÉON.

(¹) Vice-amiral, mort le 23 juillet 1808.

Milan, le........ (¹)

Monsieur Decrès,

Je vous renvoie votre courrier. J'estime que V..... (²) n'a pas le caractère nécessaire... Deux vaisseaux espagnols se sont abordés, quelques hommes sont tombés malades à bord de ses vaisseaux; joignez à cela une contrariété de deux jours dans les vents, un bâtiment ennemi qui est venu l'observer, un bruit que Nelson est réuni à Calder (³), et les projets sont changés, lorsque isolément ces objets les uns auprès des autres ne sont rien. Ce qu'il y a surtout d'impertinent, c'est que dans une expédition ainsi composée, il ne donne aucun détail, ne dit pas ce qu'il fera, ce qu'il ne fera pas; c'est un homme qui n'a aucune habitude de la guerre. Si Nelson avait joint Calder, et qu'il se crût en force, il se serait présenté devant le Ferrol; cela est une

(¹) Cette lettre est sans date au dossier.
(²) L'amiral Villeneuve.
(³) Amiral anglais.

chose assez simple. Vous savez que les journaux anglais disent que Nelson a été aux Canaries. Dans cette situation de choses, il faut renvoyer un courrier extraordinaire à Brest pour instruire l'amiral Ganteaume, et lui ordonner que si V... paraît devant Brest par le raz, il ait à ne pas le laisser entrer, à prendre le commandement de l'armée navale, et à appareiller pour se rendre devant Boulogne. Si V... a été à Cadix, mon intention est qu'il se rende dans la Manche, après avoir réuni les vaisseaux qui s'y trouvent, pris deux mois de vivres. S'il est possible de réunir l'escadre de Carthagène, qu'il le fasse. Je vais faire ma dépêche à Ganteaume et prendre mon décret ; je vous les enverrai dans un quart d'heure. J'attendrai pour faire ma dépêche l'arrivée du courrier de demain. Quant aux croisières, je ne conçois point ce degré d'imbécillité de les faire partir avec moins de 6 mois de vivres.

Sur ce, etc.

NAPOLÉON.

Au château de Monteronne, le 14 juin 1805.

Monsieur Decrès, j'ai reçu votre lettre du 20 prairial matin; toutes les nouvelles qui me reviennent me porteraient à penser que les Anglais sont dans la Méditerranée. Il paraît que depuis la rentrée de l'escadre de Rochefort, l'escadre de l'amiral Collingwood, composée de 6 vaisseaux pris en Angleterre et de 6 vaisseaux de l'escadre devant Brest, a filé vers les Indes-Orientales. Je ne sais point où est Nelson; je le crois retourné en Angleterre ou dans la Méditerranée. Les vaisseaux sont hors d'état de faire de grandes expéditions, et ses équipages sont extrêmement modérés. Il sera bien possible que lorsque les Anglais sauront Villeneuve arrivé en Amérique, ils craignent son retour par les Orcades, et que cela les oblige à tenir une réserve aux Dunes; ce qui permet d'espérer qu'ils auront au plus 20 vaisseaux devant Brest. La croisière que j'ai ordonnée à l'escadre de Rochefort fera des miracles; par Dieu, faites

1.   7*

qu'elle parte! L'incertitude et la confusion où est l'amirauté de Londres ressortent de toutes parts ; ordres et contre-ordres, et la plus grande indécision, voilà son état actuel. Soyez bien tranquille sur la crainte que l'ennemi tente rien dans l'île d'Aix.

L'Angleterre n'est pas aujourd'hui dans une position à rien donner au hasard. Rien n'est si fou que le projet de l'attaque d'une escadre française à l'île d'Aix. Je suis fâché de vous voir ces idées. Rien n'empêche cependant que vous écriviez au général de terre, non pas pour lui communiquer vos alarmes, mais pour lui recommander de veiller au ravitaillement et à la défense de cette île, puisque la sûreté d'une escadre française en dépend. Écrivez à cet officier de manière à ne pas lui donner d'inquiétudes, car l'alarme abat les esprits et paralyse le courage. Que diable voulez-vous qu'une escadre de 5 vaisseaux, ayant de la poudre, des munitions, étant protégée et pouvant faire le coup de fusil, ait à craindre à l'île d'Aix?

On dit beaucoup de bien du capitaine Trullet (¹), officier de cette escadre. On en dit encore davantage du capitaine de pavillon de l'a-

____

(¹) Capitaine de vaisseau, mort à Saint-Tropez, le 1ᵉʳ février 1827.

miral Missiessy, Willaumès (¹), frère de celui que j'ai fait contre-amiral. Il ne faut pas se le dissimuler, il faudra que je choisisse désormais mes amiraux parmi de jeunes officiers de 32 ans, et j'ai assez de capitaines de frégate qui ont 10 ans de navigation, pour en choisir six auxquels je pourrais confier des commandements. Présentez-moi une liste de choix de six jeunes officiers de marine, commandant des vaisseaux ou des frégates, ayant moins de 35 ans, les plus capables d'arriver à la tête des armées. Mon intention est de les avancer et de les pousser par tous les moyens. En attendant, faites partir l'escadre de Rochefort, soit avec Missiessy, soit avec tout autre, et développez-lui bien que son but est de faire à l'ennemi le plus de mal possible.

Sur ce, etc.

NAPOLÉON.

(¹) Capitaine de vaisseau, mort à Paris le 19 février 1818.

Vérone, le 16 juin 1805.

MONSIEUR DECRÈS,

Je vois par votre lettre du 21, 8 heures du matin, que 7 vaisseaux et 2 frégates sont devant Rochefort. Je ne vois pas ce que l'amiral Ganteaume
pouvait faire. A quoi aboutissait une bataille ?
à rien. Faites seulement mettre dans les journaux que les Anglais, ayant appris que l'escadre
de Rochefort était arrivée le 18, ont envoyé
8 vaisseaux dans ce port, et qu'ils ont affaibli
d'autant leur croisière de Brest; de sorte que
les 18, 19 et 20, elle n'était que de 15 vaisseaux;
qu'on ne conçoit pas comment l'escadre française ne profite pas de cette circonstance. Le
lendemain, un journal dira qu'il est fort extraordinaire que les journalistes se permettent de
pareilles réflexions ; qu'avant de condamner ou
d'approuver la conduite d'un amiral dans une
affaire de cette nature, il faudrait connaître ses
instructions , et que, comme probablement
l'empereur ne les a pas fait connaître au journa-
liste, tout ce qu'ils disent là-dessus est fort inu-

tile. Que la flotte de Rochefort se prépare à partir au premier signal, car les Anglais ne tiendront pas ce blocus. Il est inutile, dans votre lettre au contre-amiral Gourdon, de parler de Brest et de la Manche; il suffit de dire qu'il marchera, que l'escadre qui le ralliera a de nouvelles opérations. Je trouve que le secret n'est pas assez recommandé; il faut lui dire que le prince de la Paix ne le connaît pas, et que M. de Grandellana (¹) ne doit point le connaître; qu'il n'y a que moi, vous et lui au monde qui le sachiez; qu'il doit donc sentir l'extrême importance et l'extrême nécessité de se taire. Je ne veux point que M. de Grandellana commande mon escadre. Je regarderais mon expédition comme manquée si on le savait en Espagne; ce serait capable de tout compromettre. J'ai donc brûlé cette lettre, comme étant intempestive. Vous n'avez qu'un mot à dire au prince de la Paix, qu'ayant ordonné à mon escadre du Ferrol de se rendre à la Corogne, j'ai jugé que l'escadre espagnole devait en faire de même. N'entrez dans aucun détail. Je crains aussi que si les escadres combinées se tiennent à la voile, elles n'attirent une grande quantité d'ennemis

_____

(¹) Amiral espagnol.

au Ferrol, et par contre-coup sur la ligne d'o-
pérations : dans toutes les affaires, il faut laisser
quelque chose aux circonstances. Je ne sais
jusqu'à quel point il est nécessaire de prescrire
aux escadres de se rendre à la Corogne ; je ne
connais pas assez les localités: toutefois il me
semble qu'il est beaucoup plus simple que
Gourdon s'y porte, d'écrire au prince de la
Paix d'y-envoyer les vaisseaux espagnols qui
pourraient s'y porter. Le petit nombre de vaisseaux qui resteront au Ferrol, auront toujours
plus de facilité à sortir. Ne prononcez ni le mot
de Brest, ni celui de la Manche à qui que ce soit.
Je ne sais point d'ailleurs jusqu'à quel point le
gouvernement espagnol voudrait concourir à un
projet de cette espèce. Aussi ai-je toujours éludé
quand on m'a demandé mon secret. Quant à
vous, votre réponse est simple ; vous devez dire
que vous ne le savez pas.

Sur ce, etc.

NAPOLÉON.

Vérone, le 16 juin 1805.

Monsieur Decrès, M. Jérôme Bonaparte ne peut être capitaine de vaisseau ; ce serait une innovation funeste que de lui permettre de prendre un grade lui-même. Dans ce sens, sa conduite est d'une légèreté sans exemple, et sa justification n'a pas de sens. Non seulement M. Jérôme n'a pas le droit de nommer un enseigne lieutenant, mais je désavoue cette nomination : cette conduite est tout-à-fait ridicule. Quand il aurait eu un combat et qu'il aurait pris un vaisseau anglais, il n'aurait pas le droit de donner un grade, mais seulement de recommander ceux qui se seraient distingués.

Sur ce, etc.

NAPOLÉON.

Mantoue, le 19 juin 1805.

Monsieur Decrès, ministre de la marine, je reçois votre lettre du 24 prairial. Il paraît que Collingwood et Nelson ont conféré long-temps ensemble sur l'Espagne, qu'un des deux est immédiatement entré dans la Méditerranée, et que l'autre a disparu. Collingwood a 8 vaisseaux, Nelson en a 11; total 19 vaisseaux. Ils n'ont pas été ensemble, cela est certain; un des deux est entré dans la Méditerranée. Les Anglais parlent beaucoup d'une escadre de réserve aux Dunes qui paraît devoir être de 14 vaisseaux.

Si cela est ainsi, ils ne tiendront devant Brest que 18 à 20 vaisseaux. Si vous pouvez faire sortir Missiessy, faites-le sortir. Il paraît que c'est un homme qui a besoin d'instructions plutôt hardies que prudentes. Par exemple, il faut lui prescrire de chasser et de prendre le plus de bâtiments qu'il pourra. Mes dernières nouvelles d'Angleterre sont du 18 juin.

Sur ce, etc.

NAPOLÉON.

Plaisance, le 26 juin 1805.

Monsieur Decrès, je reçois votre courrier et vos lettres de la Guadeloupe. Je vous prie de me rassurer par votre premier courrier, et de me dire si Villaret sait quelque chose du but de l'expédition, car je tremble que les Anglais soient instruits de tout.

Il paraît bien positivement que Villeneuve sera arrivé le 16 floréal à la Martinique; il devait y rester quarante jours; il a donc dû en partir le 25 prairial; mais Magon est parti le 11 floréal, il a dù arriver le 11 prairial, et certainement avant le 20. Magon lui porte l'ordre de rester trente-cinq jours; il devrait donc en partir au 20 messidor; et en cas que Magon fût intercepté, *la Didon*, qui est partie le 13 floréal, porte le même ordre. *La Topaze*, qui est partie le 25 floréal, sera arrivée le 25 prairial; elle lui porte l'ordre de ne rester que vingt jours après l'arrivée de Magon, c'est-à-dire jusqu'au 5 messidor. Ainsi l'amiral Villeneuve partirait du 5 messidor; mais *la Présidente*, partie le 1er prairial, lui porte l'ordre de partir sur-le-champ. *La Présidente* arrivera au 1er messidor; *le Département des Landes*, parti le 3 prairial, lui porte le même ordre. On ne peut donc former aucun doute, et il n'y a pas moralement de chances qui fassent que Villeneuve ne parte pas du 1er au 10 messidor; il mettra un mois pour son retour; je ne le compte donc que du 1er au 10 thermidor devant le Ferrol, du 10 au 20 devant Brest, et du 20 au 30 devant Boulogne. Voyons actuellement ce qu'il y a contre nous : il n'y a que 48 vaisseaux devant Brest, 6 devant Rochefort, et 8 devant le Ferrol; on ne sait pas ce qu'il y a dans la Méditerranée; de très sûr, il n'y a que 4 vaisseaux; il nous manque des connaissances de Nelson et de Collingwood. Nelson et Collingwood étaient ensemble, le 25 floréal, sur les côtes d'Espagne, avec 17 vaisseaux de guerre; ils sont partis : on n'en a réellement depuis aucune nouvelle. S'ils ont été ensemble, ils sont arrivés le 26 prairial devant Surinam, et le 1er messidor à la Barbade. Si alors ils se sont présentés devant la Martinique, ils ont trouvé votre escadre composée de 40 vaisseaux français et de 6 vaisseaux espagnols. Si je ne me trompe, messidor commence déjà l'hivernage : Nelson aura fait une de ces deux choses; il aura cherché à se rallier à quelque escadre, et Villeneuve sera parti; ou dès que Villeneuve aura appris l'arrivée de Nelson dans ces parages, il sera encore parti. Mais il est difficile de croire que, sans aucune nouvelle, les Anglais aient expédié 17 vaisseaux de guerre aux Indes-Occidentales, tandis que Nelson, devant se joindre avec 10 vaisseaux à Cochrane qui en a 6, et aux 3 qui sont à la Jamaïque, se fait une force de 19 vaisseaux qui lui donne la supériorité sur notre escadre, et que Collingwood, parti avec 8 vaisseaux pour les Grandes-Indes, en trouve là 9 qui lui donnent une force de 17 vaisseaux, qui, avec les vaisseaux d'escorte, lui donnent encore la supériorité sur notre escadre; il est, dis-je, difficile de penser que, lorsque l'ennemi a ainsi des chances à se trouver maître partout, il ait à l'aveuglette abandonné les Grandes-Indes. Enfin, il y a une autre observation; si les deux escadres anglaises réunies ont été en Amérique, elles auront passé le cap Vert, et n'arriveront que le 5 messidor, c'est-à-dire, mettant quarante jours dans la traversée; si, au contraire, Nelson était seul, il aura été sans hésiter et sans chercher aucun renseignement. Alors que fera-t-il avec

10 vaisseaux? Il perdra huit ou dix jours à se réunir à Cochrane, et pendant ce temps-là Villeneuve partira, et l'ennemi se trouvera affaibli au moment des combats des escadres de Nelson et de Cochrane. Il est certain que Nelson était peu approvisionné; il a dû mouiller sur la côte d'Afrique pour faire de l'eau. Ses équipages étaient très fatigués; il a débarqué à Gibraltar tous ses malades. Je crois ses équipages très incomplets, ce qui doit lui inspirer plus de prudence et de réserve. Mon opinion est que Nelson est parti et est allé en Amérique; que Collingwood est parti et est allé aux Grandes-Indes. Dans tous les cas, nous devons avoir tous les jours de nouvelles données. Enfin le but de Villeneuve est si difficile à deviner, que même Nelson se ravitaillant à la Barbade, ne croira pas faire une si grande faute qu'il la fera en perdant trois ou quatre jours, puisque Villeneuve n'est pas attaquable dans la rade de la Martinique. Je compte Villeneuve parti pour se rendre au Ferrol, du 20 prairial au 10 messidor, avant que Nelson puisse paraître. Je hâterai mon arrivée de quelques jours, parce que je pense que l'arrivée de Nelson en Amérique pourrait pousser Villeneuve à partir pour le Ferrol. Nelson avec 10 seuls vaisseaux ne pas-

sera pas devant la Martinique, et s'arrêtera quelques jours à la Barbade, afin de méditer sa réunion avec Cochrane. Voici mes données sur la situation des escadres anglaises:

18 vaisseaux devant Brest;
6 devant Rochefort;
8 devant le Ferrol;
4 dans la Méditerrannée;
9 ou 10 de l'escadre de Nelson;
7 ou 8 de l'escadre de Collingwood.

Tous les renseignements présentent Nelson comme croisant sur le cap Saint-Vincent; mais tout porte à penser que l'un et l'autre sont lancés. Dans cet état de choses, s'il est prouvé que Nelson et Collingwood sont lancés, et que Ganteaume trouvât jour à sortir, ne sera-t-il pas convenable de le faire sortir pour avoir l'air de menacer l'Irlande? Mais au lieu de cela, pour l'emmancher et se porter devant Boulogne, ou bien de le faire aller devant le Ferrol se joindre aux 12 vaisseaux, et avec ces 33 vaisseaux entrer dans la Manche? C'est un jeu mêlé, sans doute, mais qui conserve toujours une ressource, s'il arrivait que Villeneuve fût bloqué, d'autant plus que, dans ce cas, l'escadre de Brest sortie, on la croirait destinée pour la Martinique. Ecrivez-en toujours à Ganteaume, en thème général, pour avoir ce qu'il en pense.

Sur ce, etc.

NAPOLÉON.

Plaisance, le 26 juin 1805.

Monsieur Decrès,

Je suis toujours sans nouvelles positives; il paraîtrait que Nelson aurait été aux Indes-Occidentales, mais seulement avec 10 vaisseaux. Dans tous les cas, il ne serait parti que le 25 floréal; Magon serait donc arrivé avant; Nelson aurait d'abord été devant Surinam, de là à la Trinité, et enfin à la Barbade, ce qui laisse des chances même pour l'arrivée de *la Présidente*, qui est partie le 1er prairial, c'est-à-dire à presque pas de jours de différence, et avec l'avantage d'un bâtiment contre une escadre, suivant une route plus courte, et ne perdant son temps ni à rien chasser, ni à prendre aucun renseignement. Nelson perdra deux jours au cap Vert, et perdra beaucoup de jours à se faire rallier par les vaisseaux et frégates qu'il fera chasser sur sa route. Quand il apprendra que Villeneuve n'est pas aux îles du Vent, il ira à la Jamaïque, et

pendant le temps qu'il perdra à s'y approvisionner et à y attendre, les grands coups seront portés.
Voilà mon calcul : faites embarquer à Brest
le plus de vivres que vous pourrez sur les flûtes.
Comment n'est-il pas possible de tirer parti de
ce vaisseau, *l'Océan?* N'oubliez point les canonnières. Donnez l'ordre qu'au 5 thermidor ce qu'on
peut trouver dans les ports s'embarque sur les
canonnières, qu'on y mette de bonnes troupes,
et que tout soit armé jusqu'aux péniches. Les
pièces de 18 et de 24 sont partout des pièces de
18 et de 24. Pourquoi même les 2 ou 3 bom-
bardes qui sont à Brest ne sortiraient-elles pas?

Expédiez un capitaine de frégate au Havre et
un à Dunkerque, pour faire hâter le départ de
l'un et l'autre côté. Donnez l'ordre à la frégate *la
Canonnière* de se tenir prête, avec ses munitions,
à partir vingt-quatre heures après la réception
de votre courrier. Vous savez de quelle utilité
doit nous être cette frégate : ayez aussi au Havre
1 ou 2 bricks bons marcheurs, pour porter les
ordres. Dans des moments si critiques, c'est un
grand soulagement de recevoir des nouvelles.
J'imagine que vous avez à Cherbourg au moins
un mois de vivres pour tout le monde. Je serai
à Gênes les 11, 12, 13, 14 et 15. Voyez Lava-

lette (¹) pour que nos courriers prennent les routes de Moulins, Lyon, Chambéry, Turin, Casal, Alexandrie et Gênes, afin que je ne manque aucune de vos lettres, et que je sois toujours au courant. Comme je marche avec deux voitures, incognito, sous un nom supposé et sans gardes, cela exige un grand secret. Il sera cependant nécessaire, passé le 18 messidor, qu'on dise aux courriers, en leur recommandant le secret, que comme on ne sait pas mon itinéraire, ils observent bien sur la route, en cas que je passasse incognito. Indépendamment des courriers, s'il y a quelque chose d'important, il sera convenable que vous m'expédiez un officier que vous mettrez dans le secret de ma route.

Sur ce, etc.

NAPOLÉON.

(¹) Directeur-général des postes, mort le 15 février 1830.

St-Cloud, le 20 juillet 1805.

MONSIEUR DECRÈS,

Je vous envoie un ordre pour l'amiral Ganteaume. Faites-le partir par un courrier extraordinaire ; faites-lui connaître de quelle manière il pourra se rallier à Allemand, et entrez avec lui dans les différentes hypothèses probables, comme celle que si les Anglais sont inférieurs devant lui, certainement ils sont au Ferrol. Ne vous couchez pas avant d'avoir expédié ce courrier.

Sur ce, etc.

NAPOLÉON.

St-Cloud, le 26 juillet 1805.

Monsieur le ministre de la marine,

Je vous envoie une lettre pour le capitaine Allemand. Vous en ferez deux copies. Vous en expédierez une avant six heures du soir par un officier de marine attaché à votre état-major, qui ira à Vigo, accompagné d'un courrier, et avec la plus grande diligence possible. Il est nécessaire qu'il y soit avant le 15 du présent mois de thermidor. Vous lui ferez sentir cette nécessité. S'il venait à s'apercevoir en route qu'il ne pût y arriver, il adresserait la dépêche par son courrier à mon commissaire, ou à mon vice-commissaire à Vigo. Sur l'adresse de cette dépêche, il y aurait : *Au premier capitaine de vaisseau de ligne ou de frégate qui se présentera devant Vigo ;* et comme le capitaine que vous expédierez arrivera vingt-quatre ou trente-six heures après, cette adresse ne peut être susceptible d'aucun inconvénient. L'officier de votre état-major que vous expédierez à Vigo y restera jusqu'à ce que sa mission soit faite, et, s'il ne se présentait personne, il y resterait au moins jusqu'au 10 fructidor. Le soir, avant six heures, vous ferez également partir, par courrier extraordinaire, l'autre copie de ma lettre au capitaine Allemand, avec l'ordre ci-joint au capitaine qui commande *le Régulus*. Vous y joindrez une instruction pour lui faire connaître la route qu'il peut prendre pour trouver l'escadre du capitaine Allemand. Il ne faut pas cependant qu'il se détourne de plus de vingt-quatre ou trente-six heures, puisqu'il est certain de trouver à Vigo des nouvelles du capitaine Allemand. Vous recommanderez également au capitaine du *Régulus* de tâcher d'arriver à Vigo avant le 15 thermidor. Quand ces deux expéditions seront faites, vous expédierez un troisième courrier à mon commissaire Leroy, homme sage et prudent. Vous lui direz dans votre dépêche que je ne doute point que l'amiral Villeneuve ne retourne à Cadix avant la fin de ce mois; que mon intention est qu'il y trouve un mois de vivres pour toute son escadre, et qu'il ne doit pas séjourner à Cadix plus de cinq jours, pour continuer sa mission avec les vaisseaux espagnols qui se trouveront prêts. Vous ferez connaître également à M. Leroy que je

viens d'ordonner de lui expédier des lettres de
change pour 100,000 écus, afin de lever tous les
obstacles ; qu'il y aura de la part des Espagnols
les meilleures dispositions ; mais qu'il faut que
les vivres provenant des Espagnols ou d'ailleurs
ne manquent pas. Il vous fera connaître, par le
retour du courrier, ce que l'arsenal pourrait
procurer en vivres. Vous lui donnerez également
connaissance de l'ordre que j'ai donné à l'escadre de Allemand ; vous y joindrez une lettre
que M. Leroy remettra au capitaine Allemand,
s'il arrive à Cadix avec son escadre entière et
sans combat. Dans le cas où il y arriverait après
un combat, je me réserve de juger la manière
dont il se sera comporté. Cette lettre annoncera
au capitaine Allemand que je l'ai promu au
grade de contre-amiral, et qu'il doit en arborer
sur-le-champ le pavillon. Vous enverrez également à M. Leroy la lettre ci-jointe pour l'amiral Villeneuve. Vous ferez connaître à cet amiral
que dans peu de jours je lui enverrai des instructions plus détaillées, mais que c'est pour le
cas où il arriverait avant le moment où je l'attends ; et si ce cas arrivait, vous ferez connaître
à M. Leroy que je compte sur son zèle pour que
les vivres soient fournis, n'importe par qui, et
que l'amiral soit à même de continuer sa mis-

sion. Vous recommanderez à ce commissaire de tenir le tout le plus secrètement possible, et de ne faire aucune démarche qui puisse directement ou indirectement donner aucun soupçon sur ce qui va arriver. Quand vous aurez expédié ces trois courriers et que vous serez très certain du départ de votre officier d'état-major, vous viendrez le soir à Saint-Cloud, vous m'apporterez les instructions que vous avez données au capitaine Allemand ; alors je vous remettrai mes nouveaux ordres pour l'escadre de Brest et pour celle de Villeneuve.

Sur ce, etc.

NAPOLÉON.

St-Cloud, le 27 juillet 1805.

Monsieur Decrès,

L'escadre anglaise devant Rochefort a disparu le 23 messidor. Ce n'est que le 20 que le brick *le Curieux* est arrivé en Angleterre. L'amirauté n'a pu se décider dans les vingt-quatre heures sur les mouvements de ses escadres : dans ce cas, il n'est pas probable que l'ordre à l'escadre devant Rochefort soit arrivé en trois jours. Je mets donc en fait que cette escadre a levé sa croisière par des ordres antérieurs à l'arrivée du *Curieux* à Londres. Le 26 messidor, cette escadre a fait sa jonction avec celle du Ferrol, et dans la journée du 26, et au plus tard le 27, ces 14 vaisseaux sont partis par des ordres donnés antérieurement à l'arrivée du *Curieux*. Quelles nouvelles avaient les Anglais avant l'arrivée de ce brick ? que les Français étaient à la Martinique; que Nelson n'y avait que 9 vaisseaux. Qu'ont-ils dû faire ? Je ne serais pas étonné qu'ils y eussent envoyé une autre escadre pour fortifier celle de l'amiral Nelson, et avoir une supériorité propre, non seulement à garantir toutes leurs possessions d'Amérique, mais encore à détruire notre escadre, et que ce soit les 14 vaisseaux du Ferrol qu'ils eussent fait partir pour l'Amérique.

Ils ont emmené avec eux bricks, frégates, corvettes, soit pour se tenir en garde, soit pour chercher l'armée combinée. Si cela était, la première chose à faire serait que l'amiral Gourdon en prévînt le capitaine Allemand, pour que celui-ci entrât au Ferrol. Je désire donc que dans la journée vous expédiiez un courrier au contre-amiral Gourdon pour lui dire que la disparition de la croisière ennemie du Ferrol, si elle dure encore, doit le mettre à même de faire sa jonction avec le capitaine Allemand, et que, joint à lui, il doit se diriger, s'il n'a pas de connaissance au 20 thermidor de l'amiral Villeneuve, sur Cadix; qu'il doit prévenir le capitaine de frégate qui va à Vigo, pour que *le Régulus* s'y joigne également; qu'avec ces forces réunies il doit se joindre aux vaisseaux espagnols qui sont à Cadix, et faire venir l'escadre de Carthagène, et y attendre là l'amiral Villeneuve. Lorsque l'amiral Gourdon partira du Ferrol, il y aura plus de dix-huit jours que l'escadre ennemie aura disparu : si elle avait paru devant Cadix, il le saurait alors.

Sur ce, etc.

NAPOLÉON.

P. S. Je vous envoie les ordres à l'amiral Gourdon, que vous expédierez aujourd'hui par un courrier.

St-Cloud, le 2 août 1805.

MONSIEUR DECRÈS,

Je pars pour Boulogne. J'imagine que vous avez donné ordre à l'amiral Ganteaume de se tenir dans la rade de Bertheaume, et que vous l'avez prévenu que Magon ayant rejoint Villeneuve, ils ne tarderont pas à paraître. Du moment que votre santé vous permettra de supporter les fatigues, je vous attends à Boulogne, faites-moi passer exactement toutes les nouvelles que vous aurez de la mer.

Sur ce, etc.

NAPOLÉON.

Boulogne, 15 thermidor an XIII (3 août 1805.)

DISPOSITIONS PROPOSÉES PAR LE CHEF MILITAIRE DE LA MARINE A BOULOGNE (¹).

La nature du port de Boulogne défendant jusques à la pensée d'en sortir, dans une marée, la totalité, la moitié même des bâtiments qui y sont réunis, il a fallu s'occuper de trouver pour la flottille un mode d'appareillage général qui, malgré cet obstacle, promît à cette opération importante le succès que semblerait vouloir lui disputer l'ingratitude sans égale de ces localités.

Les difficultés ne sont pas moindres en rade, si on peut appeler de ce nom l'espace qui, précédant l'entrée de ce port, est battu de tous les vents, et y laisse en perdition les bâtiments surpris à ce mouillage, non seulement par une tempête, mais même par un coup de vent ordinaire du ouest au nord-est.

(¹) Saint-Haouen , contre-amiral mort le 5 septembre 1826.

Ce danger qui est double pour les bâtiments
de la flottille, dont la construction ne leur permet pas de se défendre de la mer, est un obstacle de plus à surmonter, et il est d'autant plus
grand qu'il s'ensuivrait infailliblement les acci-
dents les plus désastreux, surtout si les bateaux de seconde espèce et les transports étaient
accueillis au mouillage par un coup de vent du
ouest au nord-ouest.

Toutes ces considérations, balancées avec
l'ensemble et la célérité à mettre dans l'appareillage général, ont déterminé et fixé mon opinion de la manière suivante, sur le mode le plus
avantageux à suivre pour faire sortir du port
dans deux marées, tous les bâtiments de la flottille.

Je pense que, dès qu'il s'agira d'opérer la sortie générale, la ligne d'embossage devra être
composée de quelques bâtiments de plus que
de coutume, et que les ports d'Ambleteuse et
de Vimereux devront aussi avoir la leur; non
seulement pour habituer l'ennemi à considérer
cette manœuvre comme une simple mesure de
prudence, non seulement pour s'assurer s'il en
conclura la nécessité d'augmenter les forces de
sa station, mais encore pour nous ménager l'a-
vantage inappréciable d'une offensive dont les

succès seraient d'autant moins douteux que cette exposition, vraiment militaire, ferait infailliblement naître de ces chances heureuses, de ces hasards de calme ou d'avarie de combat, desquels il n'est qu'un instant pour profiter.

Cela posé, le moment arrive où sa majesté ordonne l'embarquement.

Aussitôt toutes les prames et les canonnières qui sont dans les ports précités, embarquent leur troupe et vont en rade prendre la place des bateaux canonniers et des péniches qui faisaient partie de la ligne d'embossage, et qui rentrent dans le port pour prendre leur troupe et leurs chevaux. Les canonnières qui étaient en rade, appareillent pour aller mouiller à une encâblure plus au large.

L'embarquement des chevaux étant terminé pour les transports, tous ces bâtiments vont en rade, dans une marée, mouiller derrière les canonnières de leur escadrille respective.

A la marée suivante, qui serait celle de l'apparcillage général, tous les bateaux canonniers, toutes les péniches sortent du port ainsi que les paquebots, et ne mouillent point en rade.

Les canonnières et les transports en rade ayant désaffourchés, et virés à pic au commencement de la marée, appareillent dès que les péniches sortent du port.

Dans moins d'une heure toute la flottille est sous voile, faisant route dans l'ordre prescrit, par escadrille, division et section.

Si cependant il plaisait à sa majesté que toute la flottille séjournât en rade, si un changement de vent ou tout autre incident l'y obligeait, j'en ai donné la possibilité en faisant mouiller les prames et les canonnières à une encâblure plus au large que de coutume. Les bâtaux canonniers mouilleront en troisième ligne, les péniches entre-deux, l'un et l'autre en arrière de leur escadrille respective.

J'ai dit que la première ligne ne devait être composée que de prames et chaloupes canonnières, parce que ces bâtiments sont plus en état que les autres de soutenir un coup de vent. Le fond où ils mouilleront est excellent ; il remonte insensiblement vers la terre, et assure une bonne tenue à ces bâtiments dans un coup de vent battant en côte.

Armés au moins de cinq canons, pointés en tout sens, ils présentent à l'ennemi un front de plus de douze cents bouches à feu du plus fort calibre.

Chacun d'eux ayant quatre câbles, leur épissure de deux en deux sera toujours faite bâbord et tribord. Il en résultera le double avantage de soutenir facilement un coup de vent, et de ne se trouver plus éloigné de terre qu'à volonté. Je pense même que pour ne donner à l'ennemi aucun soupçon de mouvement ultérieur, il est à propos que, dès que la ligne d'embossage ne sera plus composée que de prames et de canonnières, ces bâtiments devront d'abord avoir dehors deux cables sur la même ancre. Ils paraîtront être au mouillage accoutumé, quand au contraire ils seront toujours libres de se porter d'une encâblure plus au large.

Pour ajouter à l'avantage de cette position qui donne la facilité de s'avancer promptement, ou de faire retraite suivant la circonstance, je pense que deux prames doivent être mouillées l'une à côté de l'autre, à chaque extrémité de la ligne, et toutes les autres prames, à la distance de vingt canonnières l'une de l'autre.

Il est aisé de voir que, dans cette attitude, tout-à-la-fois prudente et menaçante, on n'a pas à craindre qu'à la mer haute, l'ennemi profite de notre position plus au large pour passer en terre de la ligne d'embossage ; car il n'y a ici que les ancres qui soient plus au large, et non les bâtiments qui, par le moyen de leur biture double, sont tout aussi près de terre que de coutume, et ne doivent se haler plus au large

que de basse mer, lorsque la flottille de transport sera venue prendre place derrière les canonnières, la veille ou le jour de l'appareillage
général.

Tel est le système de sortie, de mouillage et
d'appareillage que je crois tout-à-la fois le plus
propre à aecélérer l'exécution des ordres de sa
majesté, et assurer le succès.

Chaque commandant d'escadrille est au centre de tous les éléments qui la composent, et
de même qu'un seul signal suffirait pour isoler
telle escadrille de toutes les autres, de même
aussi un seul signal suffirait pour l'y ramener.
Pour parvenir en sortant du port à avoir en
rade une disposition si avantageuse pour le
temps qu'on pourrait y passer, et pour l'ordre
à observer dans la route à faire en apparcillant,
il a fallu que les bâtiments soient d'abord ran-
gés dans le port, tel que les présente le plan.
C'est celui dans lequel j'ai cru avoir réuni ce
concours de moyens si nécessaire pour favoriser l'appareillage, opération tellement importante que son succès est inséparable de celui de
la descente même, puisque, si cet appareillage
était entravé dans une de ses parties quelconques, c'en serait assez pour compromettre à son
débarquement la portion de l'armée privée ou

des munitions ou des hommes peut-être les plus essentiels pour en assurer le succès.

Le chef militaire de la Marine,

SAINT-HAOUEN.

SITUATION DES ESCADRES AU 3 AOUT 1805.

Escadre combinée de France et d'Espagne, commandée par M. le vice-amiral Villeneuve, partie de Toulon le 30 mars 1805 et de Cadix, avec l'escadre espagnole, le 10 avril suivant.

ESCADRE FRANÇAISE.

Le Bucentaure	vaisseau de 80 canons.
Le Formidable	—	80
Le Neptune	—	80
L'Indomptable	—	80
Le Mont-Blanc	—	74
Le Pluton	—	74
Le Swiftsure	—	74
Le Scipion	—	74
L'Atlas	—	74
L'Intrépide	—	74
Le Berwick	—	74
L'Aigle	—	74
L'Hermione	frégate de 40
La Cornélie	—	40
L'Hortense	—	40
Le Rhin	—	40
La Thémis	—	40
La Sirène	—	40
La Torche	corvette de 18
La Naïade	—	18
Le Furet	brick de 16
L'Argus,	—	14

Escadre espagnole commandée par M. l'amiral Gravina.

L'Argonaute	vaisseau de	80 canons.
Le Saint-Raphael	—	80
Le Terrible	—	74
Le Ferme	—	70
L'Espana	—	64
L'América	—	64
La Magdalena	—	34

Division commandée par M. le contre-amiral Magon, partie de la rade de l'île d'Aix, le 1er mai 1805, pour rejoindre l'armée combinée, et arrivée avec cette armée à Cadix le 20 août suivant.

L'Algésiras	vaisseau de	74 canons.
L'Achille	—	74

Escadre commandée par M. le capitaine de vaisseau Allemand.

Le Majestueux	vaisseau de	118 canons.
Le Jemmapes	—	74
Le Magnanime	—	74
Le Suffren	—	74
Le Lion	—	74
L'Armide	frégate de	40
La Thétis	—	40
La Gloire	frégate de	40
Le Sylphe	brick de	16
Le Palinure	—	16

Cette escadre destinée à se joindre à l'armée

combinée, appareilla de l'île d'Aix le 17 juillet 1805. Elle se présenta devant Cadix qu'elle trouva bloqué, et établit une croisière sur le cap Lézard.

AU FERROL.

ESCADRE commandée par M. le contre-amiral Gourdon, partie de ce port le 4 août 1805, et arrivée avec l'armée combinée, à Cadix le 20 dudit mois.

Le Héros.................................	vaisseau de 74	canons
L'Argonaute......................	—	74
Le Duguay-Trouin	—	74
Le Redoutable....................	—	74
Le Fougueux....................	—	74
L'Observateur....................	brick de 16	
Le Téméraire....................	goélette de 4	

ESCADRE ESPAGNOLE commandée par M. Grandellana.

Le Prince des Asturies.............	vaisseau de 112	canons .
Le Neptune......................	—	80
Le Montagnèz....................	—	74
Le Saint-Augustin...............	—	74
Le Monarque	—	74
Le Saint-François d'Assise.........	—	74
Le Jean-Népomucène.............	—	74
Le Saint-Fulgence...............	—	74
Le Saint-Julien..................	—	64
La Flore......................	frégate de 34	
L'Indagora......................	corvette de 22	

Cette escadre était destinée à rallier l'armée combinée.

BREST.

ARMÉE NAVALE, commandée par M. l'amiral Ganteaume.

L'Impérial	vaisseau de 118	canons.
L'Invincible	—	118
Le Républicain	—	110
Le Foudroyant	—	80
L'Alexandre	—	80
Le Brave	—	74
Le Cassard	—	74
L'Impétueux	—	74
L'Ulysse	—	74
Le Wattignie	—	74
Le Jean-Bart	—	74
Le Diomède	—	74
Le Jupiter	—	74
L'Aquilon	—	74
L'Alliance	—	74
L'Eole	—	74
Le Tourville	—	74
Le Conquérant	—	74
Le Vétéran	—	74
Le Batave	—	74
Le Patriote	—	74
La Comète	frégate de 40	
La Valeureuse	—	40
L'Indienne	—	40
La Volontaire	—	40
La Félicité	—	40
La Diligente	corvette de 18	
Le Vulcain	corvette 16	canons.
L'Espiègle	brick de 16	

Au camp impérial de Boulogne, le 10 août 1805.

MONSIEUR DECRÈS,

Je vous envoie une lettre que je reçois de l'Altaye ; vous y verrez qu'indépendamment du *Windsor-Castle*, *le Malta* a aussi été obligé de rentrer dans les ports d'Angleterre ; et comme nous savons que nos escadres sont en état, si Villeneuve a un nouvel engagement avec Calder, il ne trouvera plus que 12 vaisseaux. Il paraît que le 12 thermidor, il n'était pas encore arrivé au Ferrol. Envoyez dans la journée un courrier extraordinaire au Ferrol. Faites part de ces nouvelles de Londres au vice-amiral Villeneuve ; dites-lui que j'espère qu'il aura continué sa mission, et qu'il serait trop déshonorant pour les escadres impériales qu'une échauffourée de trois heures et un engagement avec 14 vaisseaux fissent manquer de si grands projets ; que l'escadre ennemie est affaiblie de 2 vaisseaux, et que, d'après son propre aveu, il paraît qu'il a beaucoup souffert. Écrivez aussi au prince de la

Paix pour lui faire connaître que j'ai appris avec peine la perte de 2 vaisseaux espagnols; qu'il paraît que l'escadre anglaise a beaucoup souffert dans l'action; que 2 vaisseaux ennemis sont arrivés coulant bas à Plimouth; qu'il ne faut pas se décourager; qu'il faut persister fortement dans ses projets; que je compte sur la ferme résolution du roi d'Espagne, et qu'il donnera des ordres pour que l'escadre du Ferrol étant jointe à mes escadres, elles suivent avec activité leur destination. Je vous envoie aussi une note sur les bois de la Corse; c'est un objet fort important. Il me semble qu'il faut d'abord faire payer ce qui est dû, et demander un rapport à Toulon. Il faut encourager cette exploitation.

Sur ce, etc.

NAPOLÉON.

Au camp impérial de Boulogne, le 11 août 1805.

Monsieur Decrès, vous trouverez ci-joint les dépêches qui vous sont arrivées par un courrier que j'ai arrêté en route. Vous verrez que les escadres ont mouillé à la Corogne. Lauriston m'écrit que l'on continuera ; que les capitaines et les matelots sont parfaits ; que Villeneuve, qui, du reste, a du talent, met trop de temps à se décider ; que s'il avait fait la manœuvre que vous avez dite, il aurait sauvé les bâtiments espagnols, pris les bâtiments anglais démâtés, et que le succès aurait été complet ; que Gravina (¹), au contraire, n'est que génie et décision au combat. Si Villeneuve avait eu ces qualités, l'affaire eût été la plus belle possible. — J'ai reçu les journaux anglais, ils disent comme nous ; ils louent la manœuvre faite par Villeneuve, qui a viré en gardant le vent. Ils font ensuite des fanfaron-

(¹) Chef de l'escadre espagnole.

nades, et disent que Calder devait attaquer le lendemain. Il a encore renvoyé *le Malta* en Angleterre, ainsi il ne lui restait que 13 vaisseaux. Il s'est présenté devant le Ferrol qu'il a bloqué. Les Anglais l'ont su par *le Malta*, parti de devant le Ferrol le 12 thermidor. Les Anglais croient Villeneuve à Cadix, ou même au Texel. Toutefois Calder proteste que, si l'escadre combinée va au Ferrol, il l'attaquera et la détruira. L'arrivée de Villeneuve à la Corogne fera tomber ces gasconnades, et, aux yeux de l'Europe, nous donnera l'air de la victoire ; cela est beaucoup. Faites sur-le-champ une relation, et envoyez-la à M. Maret ([1]).

Voici comme je la conçois. . . . . . .

. . . . o . . . .

Sur ce, etc.

NAPOLÉON.

([1]) Duc de Bassano.

Au camp Impérial de Boulogne, le 13 août 1805.

MONSIEUR DECRÈS,

Expédiez un courrier extraordinaire au Ferrol. Témoignez à l'amiral Villeneuve, mon mécontentement de ce qu'il perd un temps aussi important; mandez-lui que Allemand ayant paru sur les côtes d'Irlande, a attiré un détachement de l'escadre anglaise sur lui; que les 13 vaisseaux de l'amiral Calder ont été très maltraités; que j'espère qu'aussitôt que les vents lui auront permis de sortir, il l'aura fait, et qu'il manœuvrera pour faire sa jonction avec Allemand, soit à l'un, soit à l'autre des points de rendez-vous. Avec 18 vaisseaux de guerre français, et 12 ou au moins 10 vaisseaux de guerre espagnols, se laissera-t il bloquer par 13 et même par 20 vaisseaux anglais? Dans tout état de cause, mon intention est que s'il a moins de 23 vaisseaux ennemis devant lui, ayant sous ses ordres 18 vaisseaux français, et au moins 10 vaisseaux espagnols, il attaque les

Anglais. Il ne serait d'ailleurs pas impossible que Allemand, qui doit envoyer prendre des renseignements à Vigo avant la fin de thermidor, ne s'y fût rendu. Mon intention est aussi que, réunis, ils attaquent l'ennemi, s'il est inférieur à 29 vaisseaux de ligne. Villeneuve verra dans mon calcul que je désire qu'il attaque toutes les fois qu'il est supérieur en nombre, ne comptant 2 vaisseaux espagnols que pour 1, et considérant la différence de quelques vaisseaux à trois ponts qu'a l'ennemi de plus que l'escadre française. Ayant été obligé après le combat de renvoyer 2 vaisseaux en Angleterre, l'ennemi n'en avait plus que 13. Avec les siens et les 15 vaisseaux espagnols, Villeneuve devait le chasser de devant le Ferrol. Les Anglais sont menacés partout. Ils ont des vaisseaux au Ferrol, ils en ont à Carthagène, ils en ont au Texel, ils en ont aux Antilles; et Nelson eût-il rejoint Calder, ils n'auraient pas plus de 20 vaisseaux de ligne. Je laisse l'amiral Villeneuve libre d'armer *la Guerrière* et *la Revanche* avec les équipages de *l'Atlas*; enfin qu'on épargne au pavillon la honte d'être bloqué au Ferrol par une escadre inférieure. Les matelots sont braves, les capitaines animés, les garnisons nombreuses; il ne faut pas se laisser périr d'inaction et de découragement. Ordonnez qu'on se serve des piastres qu'on a prises pour payer les équipages, et prenez l'engagement de les rembourser ici exactement. Relativement aux troupes qui sont à bord, qu'on en fasse ce que voudra l'amiral. Il en peut débarquer au Ferrol et n'emmener que ce qu'il trouve convenable sous le point de vue du renfort que cela donne à l'escadre. Il faut tout sacrifier à cette considération.

Sur ce, etc.

NAPOLÉON.

Au camp impérial de Boulogne, le 13 août 1805.

MONSIEUR DECRÈS,

Je vous renvoie votre courrier du Ferrol. Comme l'amiral Villeneuve ne dit jamais rien dans ses lettres, je vous envoie celles que je reçois de Lauriston. Renvoyez-les moi par mon page quand vous en aurez pris connaissance. Elles me confirment ce que j'avais appris par une lettre du général d'Houdetot (¹), qu'on n'a point débarqué de troupes, que l'on n'a exécuté aucune de mes dispositions, et que mes îles de la Martinique et de la Guadeloupe ont été un instant très compromises. Tout cela est l'effet de l'épouvante qu'a eue Villeneuve. Il savait bien que Nelson n'avait que 12 vaisseaux, et qu'il avait le temps de débarquer ses troupes. Mes ordres étaient positifs; il ne devait ramener personne. Il a ramené même la moitié des hommes de l'escadre de Magon, voilà pour-

(¹) Lieutenant-général, prisonnier en Angleterre jusqu'en 1814, mort en France peu de temps après.

quoi cette escadre a eu tant de malades et si peu d'eau. Tout cela me prouve que Villeneuve est un pauvre homme qui voit double et qui a plus de perception que de caractère. Je vois au reste avec plaisir qu'un bon esprit anime les escadres. De quoi donc se plaint Villeneuve de la part des Espagnols? Ils se sont battus comme des lions. Ordonnez que les 3oo,ooo fr. de Cadix soient versés au Ferrol.

Sur ce , etc.

NAPOLÉON.

Au camp impérial de Boulogne, le 14 août 1805.

Monsieur Decrès.

J'ai reçu votre lettre d'hier. Avec 30 vaisseaux, mes amiraux ne doivent pas en craindre 24 anglais, sans quoi il faudrait renoncer à avoir une marine. Quand il y aurait quelque événement où je devrais perdre un vaisseau, ce serait un événement auquel je devrais m'attendre. Je dois témoigner plus de confiance en mon armée navale; elle aurait droit de se plaindre que je l'avilis si j'en agissais autrement. Les journaux anglais du 8 août disent qu'un vaisseau portugais a vu l'escadre du capitaine Allemand sur le cap Finistère, le 4 thermidor, c'est-à-dire le lendemain du combat; ils disent également que l'amiral Calder a renvoyé 4 vaisseaux devant Rochefort, et n'a gardé que 10 vaisseaux devant le Ferrol. Si l'amiral Villeneuve reste les 13, 14, 15 et 16 au Ferrol, je ne m'en plaindrai pas; mais s'il y reste un jour de plus, ayant le vent favorable, et seulement 24 vaisseaux anglais devant lui, c'est le dernier des hommes. Selon les bruits de Londres, Nelson paraissait encore loin d'arriver; si Villeneuve sort avec ses 30 vaisseaux, il est sûr de se joindre à Allemand. Nelson et Collingwood sont hors du champ de bataille; l'escadre de Cochrane et des Indes également; 12 vaisseaux sont au Texel, deux viennent de se placer vis-à-vis d'Helvoet-Sluys. Si Villeneuve ne sort pas, il expose l'escadre du capitaine Allemand; et la circonstance qu'il n'a pas trouvé Calder devant le Ferrol, et que l'escadre de Allemand y avait été huit jours auparavant, me fait craindre que Calder n'ait donné chasse à cette escadre; alors, véritablement, quelle occasion il manquerait! Certainement, l'escadre de Allemand peut faire courir Calder un grand nombre de jours. Que de chances pour réussir si j'avais là un homme! Si Nelson a rejoint Calder, il est possible qu'il soit encore inférieur; mais s'il parvenait à avoir 24 vaisseaux, il ne les aurait pas long-temps. Le besoin de ravitaillement doit se faire sentir dans l'escadre de Nelson et dans celle de Calder, qui, ayant souffert un combat, sera encore obligé de s'affaiblir. Villeneuve est un de ces hommes qui ont plutôt besoin d'éperon que de bride; les contre-amiraux que j'ai faits sont des hommes qui ne peuvent me rendre de grands services; il me faudrait des hommes d'un mérite supérieur. Ne sera-t-il donc pas possible de trouver dans la marine un homme entreprenant qui voie de sang froid, et comme il faut voir, soit dans le combat, soit dans les différentes combinaisons des escadres? J'imagine que ma dépêche à l'amiral Villeneuve est partie par le courrier qui a passé ici ce matin. Je vous répéte ce que je vous ai déjà dit : je n'entends pas que 30 vaisseaux français soient bloqués au Ferrol par moins de 24 vaisseaux anglais; et une fois Villeneuve réuni à Allemand, je n'entends pas que l'escadre combinée soit bloquée par moins de 29 vaisseaux anglais. Je désire que vous écriviez au vice-amiral Rosily, à Paris, de vous envoyer un mémoire très détaillé sur toute la côte d'Afrique; mon intention est d'employer à une expédition sur ces côtes *le Régulus*, *la Cybèle*, une des frégates qui pourront nous revenir d'Amérique, et deux ou trois bricks. Je voudrais non seulement prendre tous les bâtiments anglais et ravager leur escadre, mais mettre à terre sur un point quelconque un millier d'hommes destinés à s'emparer d'un de leurs établissements, et à s'y maintenir s'ils le pouvaient. Mon but, s'ils pouvaient s'y maintenir, serait d'engager les Anglais à y envoyer une expédition d'Europe pour le reprendre, si tant il est vrai que le peu d'énergie de mes amiraux laisse échapper les chances que m'offre la fortune et annulle la campagne actuelle. Mon intention serait de donner le commandement de cette petite expédition, tant de mer que de terre, à Jérôme, en lui attachant un bon officier de mer et un très bon officier de terre. Il paraît que cette expédition devrait partir d'ici à un mois. Il n'y a donc pas un moment à perdre. Je désirerais également que les frégates de la Méditerranée, avec *le Borée* et *l'Amiral*, pussent se rendre à Gênes, y prendre *le Génois*, et aller enlever le bâtiment de guerre que les Anglais tiennent devant Naples. Je désire avoir 3 vaisseaux et 3 frégates pour être certain que les vaisseaux et frégates qui partent souvent de Malte ne donnent pas la supériorité aux Anglais. Je pense que vous devriez envoyer à Naples un officier de marine intelligent et discret, sous prétexte d'acheter du bois, et qui s'assurerait de la position exacte qu'occupe le vaisseau anglais, examinerait bien quel moyen il aurait de se sauver, et ce qu'il faudrait faire pour l'attaquer.

Sur ce, etc. NAPOLÉON.

Au camp impérial de Boulogne, le 20 août 1805.

Monsieur Decrès,

Je vous envoie un courrier qui nous arrive du Ferrol; il n'y a de lettres ni de Villeneuve ni de Lauriston. Il résulte de ces dépêches que le 14 thermidor il était encore au cap St-Vincent; qu'il était, à ce qu'il paraît, encore très mal approvisionné; que le 20 thermidor il y avait devant Cadix 4 vaisseaux, et devant Gibraltar 4, ce qui en suppose 12 dans la Méditerranée; que Villeneuve était réuni, le 23 au soir, au nombre de 29 vaisseaux de guerre; qu'enfin il n'avait pas de vaisseaux devant lui. Je n'entends point parler de Allemand. Je vous ai écrit hier que les journaux anglais disaient qu'il avait été vu à vingt-cinq lieues d'Ouessant. Si cela pouvait engager les Anglais à détacher 5 vaisseaux de Brest pour courir après, ce serait un grand avantage. C'est actuellement à Ganteaume à réunir toutes ses forces, à mouiller à Bertheaume pour se trouver au combat de Brest, si ce n'est le premier jour, au moins le second. Je ne sais quelle sera l'issue de tout ceci ; mais vous voyez que, malgré tant de mauvais jeux et de circonstances défavorables, la nature du plan est foncièrement tellement bonne, que nous avons tous les avantages.

Sur ce, etc.

NAPOLÉON.

Au camp impérial de Boulogne, le 22 août 1805.

MONSIEUR DECRÈS,

Je vous prie de m'envoyer dans la journée de demain un mémoire sur cette question : Dans la situation des choses, si l'amiral Villeneuve reste à Cadix, que faut-il faire ? Élevez-vous à la hauteur des circonstances et de la situation où se trouvent la France et l'Angleterre ; ne m'écrivez plus de lettres comme celle que vous m'avez écrite, cela ne signifie rien. Pour moi, je n'ai qu'un besoin, c'est celui de réussir.

Sur ce, etc.

NAPOLÉON.

Au camp impérial de Boulogne, le 31 août 1805.

MONSIEUR DECRÈS,

Voici ce que m'apprennent les nouvelles de Londres du 5 fructidor. La frégate *la Topaze*, accompagnée de deux bricks, a rencontré la frégate anglaise *la Blanche*, et s'en est emparée après un combat très meurtrier. Une lettre du capitaine de *la Blanche*, en mer, est datée du 22 juillet. Il paraît que le brick *le Faune*, qui avait assisté au combat de *la Blanche*, a été pris quelques jours après par le vaisseau anglais *le Goliath*, par les 45° 12′ et 7° 36′. *Le Faune* avait vingt hommes d'équipage de *la Blanche* à bord. L'amiral Nelson était à Londres; son escadre s'était réunie avec celle de Calder à la flotte de Brest, et Cornwallis avait fait l'insigne bêtise d'envoyer 20 vaisseaux sur le Ferrol pour y bloquer l'escadre française. Il paraît que le 25 thermidor, le brick *l'Iris* a reconnu notre escadre, forte de 28 vaisseaux, à l'embouchure du Ferrol; que le 17 août (29 thermidor), trois jours après la sortie de nos escadres du Ferrol, l'amiral Calder est parti de Brest avec un vent de nord fait. Les Anglais conjecturent que le 19 il doit y avoir eu un combat (c'est-à-dire le 1ᵉʳ fructidor). L'escadre de Nelson fait partie de celle de Calder, mais Nelson et son vaisseau amiral n'y sont pas. Quelle chance a manquée là Villeneuve! Il pouvait, en arrivant sur Brest par le large, jouer aux barres avec l'escadre de Calder et venir tomber sur Cornwallis, ou, avec ses 30 vaisseaux, battre les 20 anglais et acquérir une prépondérance décidée. Voilà cependant ces Anglais dont on vante tant les manœuvres et les combinaisons! Quand la France aura deux ou trois amiraux qui veuillent mourir, ils deviendront bien petits. Les Anglais trouvent notre relation officielle très modeste; ils conviennent aujourd'hui qu'ils ont été bien rossés devant le Ferrol; les uns l'attribuent à la faiblesse des équipages, d'autres à la mauvaise organisation du matériel. Les Espagnols disent qu'ils se sont battus toute la nuit, ne voulant pas se rendre à un ennemi qu'ils voyaient si maltraité, tandis qu'ils avaient vu, dans une éclaircie, notre escadre en si bon état; mais qu'au point du jour, se trouvant très loin et affalés sous le vent, ils ont été forcés de se rendre. Les

Anglais avouent eux-mêmes que ces 2 vaisseaux
ne sont tombés en leur pouvoir que par hasard.

Sur ce, etc.

NAPOLÉON

Au camp impérial de Boulogne, le 4 septembre 1805.

Monsieur Decrès, ministre de la marine, je pars dans une heure pour Paris; je désire que vous vous arrêtiez toute la journée de demain à Boulogne, et que vous y donniez tous les ordres nécessaires pour le placement de la flottille. Vous passerez en revue tous les équipages dans leur formation de bataillons de terre; vous les ferez armer de fusils; vous ferez venir chez vous tous les officiers de la marine pour leur faire sentir l'importance de défendre la flottille et le territoire; enfin vous signerez l'état d'organisation des quatorze équipages, en fixant les officiers qui doivent commander les divisions ou compagnies. Vous laisserez une instruction très détaillée au contre-amiral Lacrosse, sur le zèle duquel je compte pour seconder les généraux de terre et du génie. Vous lui recommanderez de faire sortir une division de canonnières dès que le temps le permettra. Vous partirez le 17 pour Paris.

Sur ce, etc.

NAPOLÉON.

11

Saint-Cloud, le 17 septembre 1805.

Monsieur Decrès, je vous renvoie vos dépêches; il paraît, par leur contenu, que depuis quinze jours la jonction avec l'escadre de Carthagène n'est pas faite; que l'amiral Villeneuve la juge dangereuse, et qu'il est à peu près bloqué par 11 vaisseaux de guerre anglais. Je désirerais que mon escadre sortît, se rendît devant Naples, et débarquât, sur un point quelconque, le corps de troupes qu'elle a à bord pour le joindre à l'armée du général Saint-Cyr (1). Elle pourrait prendre un vaisseau anglais et une frégate russe qui s'y trouvent; elle resterait dans les parages de Naples tout le temps qui serait jugé nécessaire pour faire le plus de mal à l'ennemi, et intercepter le convoi qui a le projet d'envoyer à Malte. Après cette expédition, l'escadre se rendrait à Toulon, où elle trouverait tout ce qui

(1) Pair et maréchal de France, mort aux Îles-d'Hières, le 17 mars 1830.

lui sera nécessaire pour la ravitailler et la réparer. L'existence d'une escadre si considérable à Toulon aura des résultats incalculables ; elle me fera une puissante diversion. Voilà le parti le plus utile que je puisse tirer de cette escadre dans ces circonstances-ci. J'estime donc qu'il faut faire deux choses : 1° envoyer un courrier extraordinaire à l'amiral Villeneuve, pour lui prescrire de faire cette manœuvre ; 2° comme son excessive pusillanimité l'empêchera de l'entreprendre, vous enverrez, pour le remplacer, l'amiral Rosily, qui sera porteur de lettres qui enjoindront à l'amiral Villeneuve de se rendre en France pour rendre compte de sa conduite. Si l'amiral Rosily trouve l'escadre, il en prendra le commandement ; s'il ne la trouve plus, le cas ne sera pas prévu ; il devra revenir et se rendre à Toulon pour en prendre le commandement à son retour. Le sang-froid avec lequel Villeneuve parle de l'escadre de Allemand est remarquable.

Sur ce, etc.

NAPOLÉON,

St-Cloud, le 17 septembre 1805.

MONSIEUR DECRÈS,

La croisière de Sainte-Hélène me paraît parfaite; les deux frégates qu'on enverra à l'Ile-de-
France pour y rester seront d'un très bon effet.
J'estime qu'elle doit être la plus forte possible,
de 9 ou 10 vaisseaux, si cela peut se combiner
avec le second objet que je me propose. Il faut
donner des instructions larges à l'amiral, le laisser maître de se porter sur le cap ou sur Sainte-
Hélène, pourvu qu'en définitive tout se rallie
et arrive à la Martinique et trouve là, ainsi qu'à
la Guadeloupe, six mois de vivres. Si des circonstances de navigation ne s'y opposent, peut-
être devrait-il prendre langue à Cayenne, croiser
à la Barbade un ou deux mois pour intercepter
tout ce qui viendrait d'Europe, et, après cela,
partir bien approvisionné de la Martinique pour
retourner à Sainte-Hélène. C'est dans cette
croisière qu'on trouvera des matelots. En ne
retournant à Sainte-Hélène que quatre mois
après en être parti, la croisière n'y trouvera

plus l'ennemi. Ce sont ces croisières bizarres et incalculables qui feront un très grand mal à l'ennemi. Ainsi donc, deux mois pour aller à Sainte-Hélène, trois mois de croisière, un mois pour venir à la Martinique, deux mois pour y rester, voilà huit mois ; un mois pour retourner à Sainte-Hélène, trois mois pour y rester et deux mois pour retourner en Europe, voilà une croisière de quatorze mois. Employez-y 9 bons vaisseaux et 4 à 5 frégates ; vous ferez un grand tort à l'ennemi qui ne peut pas le prévoir, et le résultat sera de former de bons officiers et des matelots.

En supposant que cette croisière parte en brumaire, elle serait à la Martinique en germinal; vous avez donc tout l'hiver pour envoyer à la Martinique les vivres nécessaires, et peut-être le plus court serait-il de hasarder des vivres de Rochefort au milieu de cet hiver et de les y envoyer.

La seconde croisière, composée de 5 ou de 6 vaisseaux, se rendrait droit à Santo-Domingo, y jetterait un millier d'hommes, des armes et des vivres. En supposant qu'elle parte en brumaire, elle pourrait croiser deux mois devant la Jamaïque, si elle est la plus forte aux îles du Vent, de là se rendre au banc des Soles, y manger jusqu'à son dernier biscuit, et rentrer à Lorient ou à Rochefort.

La troisième croisière doit être composée du vaisseau *le Régulus*, d'une frégate et de deux bricks; elle ravagerait toute la côte d'Afrique. Si cette expédition ne consume pas ses six mois de vivres, elle irait les manger où elle voudrait, reviendrait s'approvisionner à la côte d'Afrique, et aurait liberté entière de se porter partout où elle jugerait sa présence utile, mais ne rentrerait qu'après quatorze mois.

Enfin on enverrait *la Furieuse* et *la Libre* ravager les côtes d'Irlande et croiser devant le Môle et le Cap, pour brûler les bâtiments des noirs et faire du mal aux brigands. Elles se mettraient en correspondance avec San-Yago ou se porteraient à San-Domingo, si elles ne peuvent faire autrement, et prendraient manœuvre indépendante pendant quatorze mois si elles trouvent à s'approvisionner quelque part. Toute croisière calculée pour rentrer après six mois en France sera une mauvaise croisière.

Quant à la croisière qui va à Santo-Domingo, il faut la laisser maîtresse de ravager les côtes d'Irlande, ou de passer un ou deux mois sur le banc des Soles, ou devant le Ferrol, ou devant Bordeaux, où certainement elle trouvera des frégates et des corvettes à prendre. Mon intention est que M. Jérôme commande 1 vaisseau de la première expédition.

Quant à l'escadre de Cadix, si elle réussit à venir à Toulon, je l'augmenterai des vaisseaux construits à Gênes et à Toulon ; si elle n'y vient pas, je me déciderai à la disséminer à la croisière; tous points sont bons. Si près d'Europe, il faut qu'elles ne séjournent pas, mais ne fassent que courir; à moins d'être en égalité de forces, le mieux est de longer les côtes et de bloquer une île un mois, quinze jours. Je désirerais envoyer à Cayenne les 3 frégates que j'ai à Vigo ; elles croiseraient devant les possessions hollandaises. Faites la même chose pour la *Canonnière* et *la Piémontaise*; qu'elles se dirigent sur San-Yago et croisent là et ailleurs de manière à faire tout le mal possible à l'ennemi. Peut-être vaudrait-il mieux leur donner rendez-vous au Sénégal avec *le Régulus*; une croisière de 1 vaisseau, de 3 frégates et de 2 bricks bien équipés, ayant manœuvre indépendante, ferait un furieux mal aux Anglais. Il n'y a pas de convois dans les mers qui ait une escorte aussi forte que cela. Peut-être l'escadre qui va à Santo-Domingo devrait-elle, après avoir croisé un mois à la Jamaïque, au Môle, au Port-au-Prince, se séparer en trois

croisières, courir les côtes d'Amérique et y rester un mois. Il y arrive beaucoup de bâtiments
anglais qu'elles enlèveraient; elle pourraient, là,
s'approvisionner et se porter ailleurs. Le commerce anglais est partout; il faut tâcher d'être
sur le plus de points possibles pour lui faire du
mal. Les instructions des différentes croisières
seront que, si elles peuvent s'approvisionner,
elles doivent rester en mer pendant quatorze
mois.

Sur ce, etc.

NAPOLÉON.

NOTE SUR LA FLOTTILLE DE BOULOGNE,

ÉCRITE SOUS LA DICTÉE DE L'EMPEREUR NAPOLÉON A SON
RETOUR DE BOULOGNE, EN SEPTEMBRE 1805.

CHAPITRE I.

*Quel a été mon but dans la création de la flottille
de Boulogne.*

ART. 1. Je voulais réunir 40 ou 50 vaisseaux
de guerre dans le port de la Martinique, par
des opérations combinées de Toulon, de Cadix,
du Ferrol et de Brest; les faire revenir tout
d'un coup sur Boulogne; me trouver pendant
quinze jours maître de la mer ; avoir 150,000
hommes et 10,000 chevaux campés sur cette
côte, 3 ou 4,000 bâtiments de flottille, et aussitôt le signal de l'arrivée de mon escadre, débarquer en Angleterre, m'emparer de Londres
et de la Tamise. Ce projet a manqué de réussir.
Si l'amiral Villeneuve, au lieu d'entrer au Ferrol, se fût contenté de rallier l'escadre espagnole, et eût fait voile sur Brest pour s'y réunir

avec l'amiral Ganteaume, mon armée débarquait, et c'en était fait de l'Angleterre.

Art. 2. Pour faire réussir ce projet, il fallait
réunir 150,000 hommes à Boulogne, y avoir
4,000 bâtiments de flottille, un immense matériel; embarquer tout cela, et pourtant empêcher l'ennemi de se douter de mon projet :
cela paraissait impossible. Si j'y ai réussi, c'est
en faisant l'inverse de ce qu'il semblait qu'il fallait faire. Si 50 vaisseaux de ligne devaient venir
protéger le passage de l'armée en Angleterre,
il n'y avait besoin d'avoir à Boulogne que des
bâtiments de transports; et ce luxe de prames,
de chaloupes canonnières, de bateaux plats, de
péniches, etc., tous bâtiments armés, étaient
parfaitement inutiles. Si j'eusse ainsi réuni 4,000
bâtiments de transport, nul doute que l'ennemi
n'eût vu que j'attendais la présence de mon
escadre pour tenter le passage. Mais, en con-
struisant des prames et des bateaux canonniers,
en armant tous ces bâtiments, c'étaient des canons opposés à des canons, des bâtiments de
guerre opposés à des bâtiments de guerre, et
l'ennemi a été dupe. Il a cru que je me propo-
sais de passer de vive force, par la seule force
militaire de la flottille. L'idée de mon véritable
projet ne lui est point venue; et lorsque les

mouvements de mes escadres ayant manqué, il
s'est aperçu du danger qu'il avait couru, l'effroi
a été dans les conseils de Londres, et tous les
gens sensés ont avoué que jamais l'Angleterre
n'avait été si près de sa perte.

CHAPITRE II.

Que convient-il de faire de la flottille de Boulogne.

Art. 3. Le projet a été démasqué : l'ennemi
voit que le plan était d'arriver sous la protection de mes escadres. Les travaux faits à Boulogne et aux ports de Vimereux et d'Ambleteuse, qui lui sont parfaitement connus, lui
ont prouvé d'ailleurs que la flottille ne peut
appareiller dans une seule marée, et qu'elle ne
saurait passer un coup de vent dans la rade de
Boulogne. Dès lors, l'Angleterre n'a plus la
crainte que la flottille veuille passer par ses
propres forces, puisque les combinaisons de
l'amiral Villeneuve ont prouvé que j'attendais
son arrivée pour passer, et que la connaissance
de la côte lui a montré l'impossibilité de faire
sortir la flottille dans une seule marée ; aussi,
depuis ce temps, les mêmes hommes qui •
avaient déclaré qu'on ne pouvait empêcher la

flottille de débarquer, disent maintenant que rien ne peut empêcher l'arrivée de 100 ou 150 bâtiments, ce qui fait une expédition de 15 ou 16,000 hommes, mais qu'il n'est pas probable qu'une expédition plus considérable pût trouver des chances de réussir.

ART. 4. Dans cette situation de choses, la rade de Boulogne n'étant point propre à instruire mes matelots, et la flottille ne pouvant plus donner à l'Angleterre l'inquiétude de lui voir faire le passage de vive force, il faut reprendre le projet qui a été manqué; avoir sur les hauteurs de Boulogne une armée de 60 à 80,000 hommes; avoir 500 bâtiments pouvant porter 40 à 50,000 hommes et plusieurs milliers de chevaux; n'avoir qu'une partie des matelots nécessaires pour l'armement de ces bâtiments, et au moment où mes escadres commenceraient leurs mouvements, faire une levée de pêcheurs et de matelots sur les côtes; rétablir la ligne d'embossage, embarquer l'artillerie et le matériel, faire enfin toutes les démonstrations nécessaires pour faire voir qu'on n'attend que la présence d'une escadre pour passer.

CHAPITRE III.

Avantages de ce plan.

Art. 5. Les avantages de ce plan sont immenses. D'abord, j'aurai toujours le prétexte d'avoir 80 ou 100,000 hommes campés dans une position saine, facile à approvisionner, et d'où ils peuvent se porter promptement en Allemagne, et une aussi grande quantité de troupes qui sera vue de la côte d'Angleterre, avec un nombre de bâtiments qui permettra d'opérer la descente, si je suis quelques jours maître de la mer, aura une double influence en Angleterre : 1° elle l'obligera à tenir des troupes pour se garder et se précautionner contre la descente qui est devenue possible; 2° elle l'obligera à tenir en réserve, dans les dunes ou dans la Tamise, une portion de ses escadres pour ce cas inattendu.

Art. 6. Si ma flotte de l'Escaut, de Toulon ou de Brest, débarquait 30,000 hommes en Irlande, quelle crainte n'aurait pas l'Angleterre, qu'après les avoir débarqués, elle ne continuât son mouvement, se réunît sur un point donné avec mes autres escadres, et revînt sur Boulogne pour jeter une expédition sur les côtes d'Angleterre ! Si mes escadres portaient la guerre aux Grandes-Indes ou aux Indes-Occidentales, les Anglais auraient également la crainte que, s'ils se dégarnissaient de leurs flottes, elles ne revinssent sur Boulogne, et que se trouvant à leur arrivée maîtresses de la mer, comme nous l'avons été après le combat d'Ouessant, elles ne couvrissent le passage d'une expédition dont tous les préparatifs étaient aperçus d'Angleterre.

CHAPITRE IV.

Que coûteront ces avantages.

Art. 7. Les principaux frais de cette grande diversion consistent dans l'entretien de l'armée de terre dans ses camps ; mais on a déjà dit les avantages attachés à cette présence des troupes sur ce point, sous le point de vue continental, et dans l'obligation de garder une grande quantité de troupes pour le maintien de ma considération, il est indifférent de les entretenir à Boulogne ou ailleurs. Les 500 bâtiments, nous les avons ; il suffira d'avoir des équipages pour un quart de ces bâtiments, et l'entretien de ces équipages sera donc tout ce qu'il en coûtera à la France pour avoir ce moyen d'inquiéter et d'attaquer son ennemi.

Art. 8. Supposons une armée de 40 vaisseaux de ligne arrivant devant Boulogne, et y trouvant une armée de 100,000 hommes avec 10,000 chevaux : que pourra-t-elle faire? Combien de temps ne lui faudra-t-il pas pour transporter en Angleterre les hommes, les chevaux et le matériel : il lui faudra plus de dix voyages. Supposons à présent 40 vaisseaux de ligne arrivant devant Boulogne, et y trouvant 500 bâtiments, prames, péniches, chaloupes canonnières, etc., armés ou sans canon, tous les objets d'artillerie, les hommes et les chevaux embarqués, prenant à son bord une partie des hommes que la flottille ne peut porter; voilà, dans peu de jours, toute l'expédition débarquée en Angleterre. Cela obligera donc l'Angleterre à avoir une armée de terre, et à tenir en réserve une armée de mer. De tous les moyens qu'on peut proposer pour nuire à l'ennemi dans cette lutte, on n'en peut imaginer un moins dispendieux pour la France et plus désastreux pour l'Angleterre.

Art. 9. Ayant fait ainsi connaître au ministre de la marine le rôle que je veux faire jouer à la flottille de Boulogne, je désire qu'il me propose

les modifications nécessaires pour qu'elle at-
teigne mon but en me coûtant le moins possible,

Sur ce, etc.

NAPOLÉON.

MÉMOIRE

DE L'AMIRAL LACROSSE

Sur le trajet de la flottille et l'opération de la descente en Angleterre dans la saison des calmes.

Dans la circonstance actuelle, où les coups à porter à l'ennemi ne sauraient être trop prompts ni trop vigoureux, il est peut-être, pour la première tentative, inutile et dangereux d'attendre les chances favorables que l'été présenterait pour donner à la descente un degré de plus de probabilité et de possibilité ; mais vu la nature de la flottille et des éléments qui la composent, les ressources incalculables des rames, l'été, et par conséquent la saison des calmes, donneront à l'espèce de bateaux adoptés les moyens de se servir de tous leurs avantages, d'où il s'ensuit que s'il se trouve quelques chances contraires à l'expédition d'hiver, il n'y en aucune contre celle d'été.

Quelles que soient, d'ailleurs, les chances et les circonstances, celui qui tient en main les

destinées de la France saura toujours, par sa
présence, les diriger, et les développements suivants tiennent au calcul observateur et réfléchi,
et nullement aux moyens ni aux ressources du
génie qui conçoit, veut et exécute.

L'expérience m'a appris que dans la Manche,
où j'ai commandé dix-huit mois cette espèce
de bateaux, depuis le commencement de messidor jusqu'à la fin de fructidor, des calmes assez fréquents durent souvent douze, vingt-quatre
et quelquefois trente-six heures; alors la mer
est calme, et le trajet qu'on pourrait entreprendre avec une flottille partant des points même
les moins rapprochés, serait assuré, et les forces
que l'ennemi peut opposer avec le vent, et
les plus redoutables pour la flottille, sont alors
annulées.

Dans le calme, à l'arrivée sur la côte, les obstacles présentés par l'ennemi ne pourraient
avoir lieu qu'avec des forces de même espèce,
et la petitesse des bâtiments permettant de s'approcher jusqu'à la baïonnette, le succès devien-
drait l'apanage certain de la valeur française.

Dans le calme, les hommes ne sont pas malades, et toute l'énergie de leur âme est secon-
dée par la force de leur corps, et la vitesse
moyenne des péniches et des bateaux plats pou-

vant être calculée à trois nœuds par heure, lorsque ceux-ci sont remorqués par les premières, un
calme très ordinaire de 12 heures suffirait pour
effectuer le passage ; et si la flottille passait au
milieu des vaisseaux ennemis, pouvant, au
moyen de ses rames, exécuter aisément toutes
ses manœuvres, elle tirerait tout le parti possible de son artillerie qui, au contraire, ne lui
serait que d'une bien faible utilité si le temps
était mauvais. Ce raisonnement s'applique particulièrement aux bâtiments dont les canons
étaient à coulisses.

Le calme donne encore la facilité de porter
et de débarquer l'artillerie et les chevaux, de
choisir le lieu du débarquement, de le faire avec
une mer tranquille, d'exposer au premier choc,
contre des hommes qui attendent de pied ferme,
avec toutes les ressources que la nature et l'art
ont pu leur donner, des hommes bien portants,
pourvus de munitions et d'armes que la mer
n'aura pas altérées. La célérité dans le débarquement se fera en raison de toutes ces données. L'ennemi n'aura pas le temps de multiplier ses obstacles, et enfin rendus à la côte
d'Angleterre dans le calme et avec une belle
mer, presque tous les endroits pour la des-

cente sont praticables, et le problême se réduit alors au passage du Rhin ou d'un autre grand fleuve que l'ennemi cherche à empêcher.

Toutes ces circonstances favorables pour le débarquement chez l'ennemi le deviennent également pour le départ. Avec quelles facilités s'exécutent en pareil cas les mouvements et l'embarquement des troupes dans le trajet ! Rien ne fatigue le soldat, et il brave les gros bâtiments si redoutables pour une flottille : enfin le vent s'élève-t-il dans cette saison au moment où la flottille est en marche, il s'annonce et vient lentement ; il ride la mer, mais ne l'agite pas ; les rames servent encore, et quand les vaisseaux auraient la facilité de se mouvoir, il n'y a jamais dans les deux ou trois premières heures assez de vent pour leur faire acquérir une très grande vitesse.

Suivant sa position, la flottille nage dans le vent, évite presque certainement un ennemi qui est obligé de faire beaucoup de chemin pour l'atteindre, et elle a de plus, comme lui, la facilité de se servir de ses voiles. Dans cette hypothèse, au moyen des péniches et des bateaux, le résultat certain de l'expédition est garanti par toutes les bases du calcul des possibilités qui viennent d'être énoncées, et qui m'ont été démontrées, lorsque conduisant 40 bateaux plats, de la Hougue à Cherbourg, je parvins à ma destination, chassé et canonné par un vaisseau de 74, et une frégate dont les boulets dépassaient les derniers bateaux ; nous étions en calme, et entraînés par les mêmes courants.

LACROSSE.

SITUATION DES ESCADRES

AU 7 OCTOBRE 1805.

Escadre combinée de France et d'Espagne, commandée par M. le vice-amiral Villeneuve, arrivée à Cadix le 20 août 1805.

ESCADRE FRANÇAISE.

Le Bucentaure...................	vaisseau de	80	canons.
Le Formidable...................	—	80	
Le Neptune	—	80	
L'Indomptable...................	—	80	
Le Mont-Blanc................	—	74	
Le Pluton.....................	—	74	
Le Swiftsure...................	—	74	
Le Scipion....................	—	74	
L'Intrépide....................	—	74	
Le Berwick...................	—	74	
L'Aigle.......................	—	74	
L'Achille	—	74	
L'Algésiras....................	—	74	
Le Héros.....................	—	74	
L'Argonaute...................	—	74	
Le Duguay-Trouin.............	—	74	
Le Redoutable................	—	74	
Le Fougueux..................	—		

L'Hermione......................	frégate de 40	canons.
L'Hortense........................	—	40
La Cornélie	frégate	40
La Thémis........................	—	40
Le Rhin..........................	—	40
Le Furet..........................	brick de	16
L'Observateur....................	—	16
L'Argus..........................	—	14

ESCADRE ESPAGNOLE,

Commandée par M. l'amiral Gravina.

Santissima Trinidad..............	vaisseau de 130	canons.
Prince des Asturies...............	—	120
Santa Anna......................	—	120
Rayo	—	100
Argonauta.......................	—	80
Neptune..........................	—	80
S.Ildefonse	—	74
Bahama..........................	—	74
Jean-Nepomuceno	—	74
S. Augustin......................	—	74
Monarca	—	74
Montanez........................	—	74
S. Francisco d'Assis..............	—	74
S. Justo.........................	—	74
S. Leandro.......................	—	64

L'on voit que l'ensemble de ces forces présentait une réunion de :

	Français.	Espagnols.
Vaisseau de 130	»	1
— 120	»	2
— 100	»	1
— 80	4	2
— 74	14	8
— 64	»	1
Frégates	5	»
Corvettes, bricks et goëlettes.	3	»
	26	15

Total général.......... 41 bâtiments.

21 octobre 1805.

ÉTAT DES VAISSEAUX PERDUS

PAR L'ARMÉE COMBINÉE DE FRANCE ET D'ESPAGNE
AU COMBAT DE TRAFALGAR.

ESCADRE FRANÇAISE.

Le Bucentaure................... vaisseau de 80 canons.
   Coulé après le combat.

Le Formidable.................   —   80
   Pris après le combat.

L'Indomptable ....   —   80
   Perdu à la côte après le combat.

Le Mont-Blanc.................   —   74
   Pris après le combat.

Le Swiftsure...................   —   74
   Démâté et pris.

Le Scipion....................   —   74
   Pris après le combat.

L'Intrépide...................   —   74
   Coulé après le combat.

Le Berwick....................   —   74
   Perdu à la côte après le combat.

L'Aigle . . . . vaisseau 74 canons.
Perdu en rade de Cadix en revenant du combat.

L'Achille. — 74
Brûlé après le combat.

Le Duguay-Trouin. . . . . — 74
Pris après le combat.

Le Redoutable. . . . . — 74
Coulé après le combat, étant déjà amariné.

Le Fougueux. . . . . — 74
Perdu à la côte.

ESCADRE ESPAGNOLE.

Santissima Trinidad. . . . . vaisseau de 130 canons.
Rayo . . . . — 100
Argonauta . . . . — 80
Neptune . . . . — 80
S. Ildefonse. . . . . — 74
Bahama . . . . — 74
Monarca. . . . . — 74
S. Augustin. . . . . — 74
Montanez . . . . — 74
S. François d'Assise. . . . . — 74

Pris ou perdus.

Haag, près Wels, le 11 brumaire an xiv (2 novembre 1805).

MONSIEUR DECRÈS,

Vous avez reçu l'ordre d'embarquer des hommes de l'artillerie de marine, au lieu de garnison; cela vous fait donc les 500 hommes qui vous sont nécessaires. La division de Lorient ne partira pas, si vous ne lui écrivez deux fois par jour de partir; également les frégates de Flessingue. Les 11 vaisseaux de Brest ne partiront jamais, l'équinoxe de mars viendra, et ils ne pourront plus partir. Je ne conçois pas comment le ministre du trésor public ne vous donne pas les 300,000 fr. de traites sur le cap de Bonne-Espérance. Que cela ne vous empêche pas de partir. Vous voyez le mal que fait Allemand; jugez de celui que feraient nos croisières si l'on voulait partir; mais on ne partira pas, tantôt par une raison, tantôt par une autre. J'imagine que M. JÉRÔME est parti. *Je vous rends responsable de la conduite qu'on tiendra avec lui. Il faut qu'il soit maintenu rigoureusement dans son grade. J'espère que vous aurez écrit qu'il ne lui soit rendu aucun honneur à Brest : il ne lui est rien dû.* Je suis fâché de la mauvaise santé de Ganteaume. Dites-lui que je l'aime, parce que je sais qu'il m'est attaché. S'il était absolument hors d'état de reprendre la mer de long-temps, on pourrait le faire entrer au conseil d'État. — Que rien n'arrête mes escadres; qu'elles partent. Je ne veux point que mon escadre reste à Cadix. Faites venir mes troupes par terre, et distribuez tous les vaisseaux en 4 ou 5 grandes croisières. Donnez des instructions à toutes mes escadres d'arrêter tous les vaisseaux russes, suédois, autrichiens. Donnez également des lettres de marque à nos corsaires contre ces trois puissances. Faites mettre également le sequestre sur leurs bâtiments qui se trouveraint en France, et partout où j'ai des escadres. Je vous le répète, si mon escadre de Cadix peut sortir d'ici à nivose pour remplir sa mission, bien ; sans quoi, dispersez-la en croisière. Je ne puis m'occuper de ces objets, c'est à vous à faire que tout parte.

Sur ce, etc.

NAPOLÉON.

15 décembre 1805.

SITUATION DES ESCADRES.

Escadre commandée par M. le capitaine de vaisseau Allemand.

Le Majestueux.................... vaisseau de 118 canons.
Le Jemmapes....................   —   74
Le Magnanime...................   —   74
Le Suffren.....................   —   74
Le Lion........................   —   74
L'Armide....................... frégate de 40
La Thétis......................   —   40
La Gloire......................   —   40
Le Sylphe...................... brick   de 16
Le Palinure....................   —   16

Avant de quitter sa croisière sur le cap Lézard, cette escadre s'empara du vaisseau anglais *le Calcutta*; puis elle se porta successivement sur Vigo, les Canaries, dans le sud-ouest de Madère, et elle rentra à Rochefort.

ARMÉE NAVALE DE BREST.

Première division de l'escadre expéditionnaire commandée
par M. le contre-amiral Leissègues.

L'Impérial	vaisseau de 120	canons.
L'Alexandre	—	80
Le Jupiter	—	74
Le Brave	—	74
Le Diomède	—	74
La Comète	frégate de 40	
La Félicité	—	40

Cette escadre partit de Brest le 13 décembre
1805 pour Saint-Domingue, où elle portait des
secours.

Le 6 février 1806, elle fut attaquée sur la rade
de Santo-Domingo, et à l'exception du vaisseau
l'Impérial, qui échoua et fut détruit, les quatre
autres vaisseaux, *l'Alexandre*, *le Jupiter*, *le
Brave* et *le Diomède* tombèrent au pouvoir de
l'ennemi.

Deuxième escadre expéditionnaire, commandée par
M. le contre-amiral Willaumez.

Le Foudroyant	vaisseau de 80	canons.
Le Vétéran	—	74
Le Cassard	—	74
L'Impétueux	—	74
Le Patriote	—	74
L'Éole	—	74

La Valeureuse.................. frégate de 40
La Volontaire..................   —   40

Partie de la rade de Brest, le 13 décembre 1805, le 24 décembre 1805, l'escadre se trouvant à la hauteur de l'île de Palme, fut poursuivie par six vaisseaux et une frégate anglaise qui l'abandonnèrent après trente-six heures de chasse.

Le 4 avril 1806, elle relâcha à San-Salvador, où elle se forma en trois divisions qui appareillèrent pour Cayenne le 21; elles se séparèrent peu de jours après, et se rencontrèrent de nouveau à la Martinique, qu'elles quittèrent le 1er juillet. Le 19 août, l'escadre fut dispersée par un coup de vent.

Le vaisseau *l'Impétueux* fut poursuivi par une division ennemie, et fit côte près le cap Henri (baie de la Schesapeack), où il a été brûlé.

L'Eole, le Patriote et *la Valeureuse* relâchèrent aux États-Unis ; *le Vétéran* revint seul en France.

La Volontaire avait été prise au cap de Bonne-Espérance, et *le Foudroyant* rentra à Brest le 27 février 1807, où il trouva *le Cassard*, qui y était depuis le 13 octobre précédent.

ESCADRE STATIONNAIRE A BREST.

Le Républicain	vaisseau de 110	canons
L'Iuvincible	—	110
L'Ulysse	—	74
Le Wattignie	—	74
Le Jean-Bart	—	74
L'Aquilon	—	74
L'Alliance	—	74
Le Tourville	—	74
Le Batave		74
L'Indienne	frégate de	40
La Diligente	corvette de	18
L'Espiègle	brick de	16

Saint-Cloud, 26 avril 1806.

Monsieur Decrès, si le roi de Naples s'empare de la Sicile, il ne restera plus de ressource aux Anglais que de s'emparer de la Sardaigne. D'un autre côté, la prise de la Sardaigne me rendra plus facile la prise de la Sicile. J'aurais donc le projet de m'emparer de la Sardaigne à la fin de mai. Pour cela, j'ai besoin d'une escadre et de quelques flûtes qui puissent embarquer 6,000 hommes et 300 chevaux à Toulon. Il faut que tout soit fait sous cinq ou six jours, sans quoi, si l'ennemi est instruit que l'on prépare un armement à Toulon, il viendra le bloquer. Je crois qu'il y aurait trop de danger pour une escadre d'aller à Cagliari. Je conçois donc qu'elle devrait aller à Porto - Conti et y débarquer ses 6,000 hommes, en même temps 3,000 hommes qui sont en Corse passeraient le détroit sous la protection des bricks et frégates de l'escadre. Le détroit n'est que de trois heures de passage. Deux frégates rentreraient

I.   13*

à Porto-Conti, trois bricks à Bonifacio, et le reste de l'escadre rentrerait à Toulon, sans que mes vaisseaux eussent même mouillé. Il faudrait qu'ils débarquassent du biscuit pour 6,000 hommes pour trois mois. L'artillerie serait de peu d'importance. Au bout de vingt-quatre heures, mon expédition serait maîtresse de Sanari et de tout le nord de la Sardaigne. Peu de jours après, elle serait maîtresse de Cagliari. Le roi de Sardaigne n'a point de troupes. Les Anglais n'auraient pas le temps d'être prévenus, et d'ailleurs ils n'ont point de troupes. Ils en ont besoin à Corfou et aux bouches. Une fois ce noyau passé, la Corse fournira, s'il le faut, plus de 10,000 hommes, que personne ne pourra empêcher de passer. Portez-moi, dimanche, un rapport là-dessus. Puis-je embarquer 6,000 hommes pour les transporter à Porto-Conti? Pouvez-vous me fournir du biscuit pour 6,000 hommes pendant trois mois? Des vaisseaux de guerre, des frégates, peuvent-ils entrer à Porto-Conti? Combien pouvez-vous fournir de tartanes ou de bricks pour tenir dans le port de Bonifacio, afin de maintenir le passage libre des flottilles ennemies? Ganteaume pourrait-il se charger de cette opération? car je vois tant de bêtises, que je n'ose plus mettre un vaisseau à la mer ; il n'y a pas un homme de sens pour le commander. Quel est l'argent que vous avez dans la caisse de la marine, à Toulon, appartenant à la marine ou à la Corse ? Avez-vous à Toulon quelques demi-chebecks, quelques demi ou quart de galère, quelques felouques, ce qui, joint à tous les bateaux côtiers de la Corse, entretiendrait une communication constante, quelques forces que les ennemis puissent y avoir dans la suite ? Quelles ressources avez-vous à Gênes ? Toutes les nouvelles gabarres que j'ai fait construire à Toulon et aux environs sont-elles en état ?

Sur ce, etc.

NAPOLÉON.

St-Cloud, 17 mai 1806.

Monsieur Decrès,

Faites-moi connaître le jour où l'expédition qui doit se réunir à Toulon sera prête à partir. Je désire que vous me présentiez des projets d'expéditions à faire pour ravitailler la Martinique, la Guadeloupe et l'Ile-de-France, et des croisières à établir pour inquiéter le commerce ennemi. Toutes ces expéditions devraient être prêtes à partir avant le mois d'août, avoir leurs instructions cachetées et être en rade, sans communication avec la terre, de manière qu'aux premiers jours de septembre tout puisse être parti. Je désire que vous me fassiez un plan là-dessus conforme à mes moyens. Il faudrait faire partir dix bonnes croisières qui couvriraient toutes les mers. Trois croisières pourraient partir de Cadix, deux composées de deux vaisseaux chacune, et une composée d'un vaisseau et une frégate. On ferait partir de Brest deux croisiè-res, l'une de deux vaisseaux, l'autre d'un vaisseau et d'une frégate. On ferait partir de Lorient une croisière d'un vaisseau et de deux frégates. On ferait partir de Rochefort trois croisières composées en tout de 4 vaisseaux et de 5 frégates. — De Cherbourg une croisière de deux frégates. On ferait partir en outre des bricks de tous ports pour croiser. Il faudrait adopter pour ces dix croisières un système vaste et nouveau. Il ne faudrait plus aller reconnaître ni la Martinique, ni la Guadeloupe; mais attaquer le commerce ennemi dans ses communications avec les côtes de l'Amérique espagnole, du Brésil, du continent de l'Amérique. Une seule croisière serait destinée à porter des troupes à la Martinique et à la Guadeloupe, et une serait destinée pour les Grandes-Indes, où il serait nécessaire d'envoyer au moins deux frégates.

Sur ce, etc.

NAPOLÉON.

Ostende, 29 mars 1807.

Monsieur Decrès,

Voici un mémoire que je vous envoie qui est bien le maximum de l'extravagance humaine (¹). Voilà ce que c'est que les hommes qui n'ont amais fait la guerre ni médité aucune opération militaire. Il pense sans doute que les hommes qui seraient à bord de l'escadre seraient de bois, et que la chance de perdre 14 ou 15 vaisseaux et 7 ou 8,000 marins qui les monteraient, ne serait rien pour l'Angleterre ! Je n'ai jamais rien vu de plus fou, d'autant plus fou que ce serait sans remède. L'ennemi pourrait faire cela, même moi étant campé avec 300,000 hommes. Il serait fâcheux que le préfet causât de cela avec les marins, même hypothétiquement, parce que cela ne peut que donner des alarmes. Il me semble qu'il dit dans sa lettre qu'il réunit des renseignements des marins.

(¹) Ce mémoire était de Malouet alors préfet maritime à Toulon.

Quand vous lui écrirez, faites-lui sentir quel inconvénient il y a à semer ainsi l'alarme en s'attachant à ses plans fantastiques.

Sur ce, etc.

NAPOLÉON.

Fenkenstein, 22 avril 1807.

MONSIEUR DECRÈS, en lisant avec attention l'état de la marine du 1ᵉʳ avril, je vois avec satisfaction le bon état de mon escadre de Cadix. Je vois avec peine qu'à Toulon vous n'ayez pas encore fait armer *le Robuste* et *le Commerce de Paris*. Je voudrais savoir ces deux vaisseaux en rade, ce qui me ferait 5 vaisseaux avec *l'Annibal*, *le Génevois* et *le Borée*.

Le Grand-Seigneur me demande à force d'envoyer 5 vaisseaux devant Constantinople, pour, avec son escadre, faire des incursions dans la mer Noire. Il a, lui, 15 vaisseaux armés. Faites donc sans retard, je vous en prie, mettre ces 2 vaisseaux en rade; faites aussi commencer *l'Ulm* et *le Danube*, faites achever *le Donawerth* et *le Superbe* à Gênes. Si *le Donawerth* pouvait être fini, cela me donnerait 6 vaisseaux de mon escadre à Toulon, et 6 de celle de Cadix; cela me ferait 12 vaisseaux. Faites donc venir à Rochefort *le Tonnant*, afin que j'aie là bientôt 7 vaisseaux. Faîtes finir à Lorient *l'Alcide*, afin qu'avec *le Vétéran* cela me fasse 3 vaisseaux. Il faut que les 7 vaisseaux que j'ai à Brest soient mis en état de faire toute espèce d'entreprises, même d'aller aux Indes.

Je désire donc qu'au mois de septembre je puisse disposer et faire partir dans 24 heures, pour les missions les plus éloignées, 7 vaisseaux de Brest, 3 de Lorient, 7 de Rochefort : total de l'Océan, 17 vaisseaux; 6 de Cadix, compris *l'Espagnol*; 6 de Toulon : total de la Méditerranée, 12. Total général, 29 vaisseaux. Le roi de Hollande aura également 7 vaisseaux propres à toute expédition; mais, pour arriver à ce but, il n'y a pas un moment à perdre, puisque nous voilà déjà en mai. Vous n'avez plus que quatre ou cinq mois. Ces 29 vaisseaux ne me seront pas inutiles pour la guerre dans laquelle je suis engagé. Je vous prie de faire des recherches et de me faire une note sur une expédition en Perse. 4,000 hommes d'infanterie, 10,000 fusils et une cinquantaine de pièces de canon sont désirés par l'empereur de Perse. Quand pourraient-ils partir et où pourraient-ils débarquer? Ils feraient un point d'appui, donneraient de la vigueur à 80,000 hommes de cavalerie qu'il a, et obligeraient les Russes à une diversion considérable. Je vous dirai, pour vous seul, que j'envoie en ambassade extraordinaire le général Gardanne (¹), mon aide-de-camp, des officiers d'artillerie et du génie. Un ingénieur de la marine, qui ne serait pas très utile en France et qui verrait les ports serait d'une grande utilité dans cette ambassade.

J'ai vu avec plaisir le bon état de la petite division qui est à Bordeaux. Ces 4 frégates paraissent être bonnes à toute espèce de missions. La frégate qui est au port du Passage y restera-t-elle donc perpétuellement? Quand les deux frégates qui sont au Havre seront-elles à Cherbourg? Nous aurions là une division qui serait prête à tout.

La division qui est à Saint-Malo est-elle prête à tout? Cela nous ferait 10 frégates disponibles. Il y a deux ans que nous avons fait partir plusieurs frégates une à une pour nos îles. Ce serait-il le cas cette année? Vous pouvez, à ce que je vois, augmenter la division de Saint-Malo de *l'Avranche*. Je n'ai pas vu dans tous ces états de situation *la Thétis*, qui revient de la Martinique. Il faudrait bien cependant, si cela était

(¹) Maréchal de camp, mort en 1818.

possible, envoyer quelque chose à Saint-Domingue, et à la Martinique quelques bricks ou bâtiments légers.

Sur ce, etc.

NAPOLÉON.

Tilsit, 22 juin 1807.

Monsieur Decrès,

Je reçois votre mémoire sur la Perse. J'attends, pour faire cette expédition dans le golfe Persique, que j'aie réponse de mon ambassadeur, le général Gardanne, qui est parti avec des officiers de l'artillerie et du génie, et qui doit être rendu dans ce moment à Constantinople. Je désire que vous lui envoyiez un ingénieur de la marine qui soit un peu marin, pour lever les plans des côtes, et aider le général Gardanne dans les reconnaissances qu'il doit faire. Faites-le partir sans délai. Vous pouvez l'adresser à Constantinople à mon ambassadeur Sébastiani (¹), qui le fera passer à Téhéran. Par ce moyen nous aurons des renseignements précis qui fixeront nos idées. Mon intention est d'envoyer, à la fin de septembre, 2 frégates neuves à l'île de France; elles auront des instructions pour se rendre dans le golfe Persique,

(¹) Lieutenant-général, ambassadeur en Angleterre.

où elles prendront les dépêches de mon ambassadeur. Écrivez au général Decaen par toutes les voies possibles, pour l'instruire de l'arrivée de mon ambassadeur en Perse, de mon traité d'alliance avec cet empire, et de la nécessité de se mettre en correspondance avec lui.

Sur ce, etc.

NAPOLÉON.

Tilsit, 23 juin 1807.

MONSIEUR DECRÈS,

Je reçois votre lettre du 12 juin. S'il est possible de faire à Anvers des vaisseaux de 80, ce sera une belle opération, et dans ce cas, je désirerais que vous en missiez plus de cinq, car je crois que le vrai échantillon de vaisseau est celui de 80. Si j'ai bonne mémoire, les vaisseaux que l'on construit à Anvers, sont sur l'échantillon du *Pluton*. Il y a des objections contre cet échantillon. Ne serait-il pas convenable de revenir au modèle ordinaire, s'il y avait assez d'eau dans l'Escaut et à Flessingue pour cela? Faites donc enfin un règlement sur l'arrimage des vaisseaux et sur leur armement. N'oubliez pas de prescrire qu'il y ait des caronades en quantité, et qu'on imite le plus possible l'arrimage anglais. Ne pourriez-vous pas aussi imiter les Anglais en ayant de petits vaisseaux à trois ponts de 96 canons?

Sur ce, etc.

NAPOLÉON.

Tilsit, 8 juillet 1807.

MONSIEUR DECRÈS,

La paix vient d'être signée. Il sera nécessaire
que vous me fassiez connaître si, 10 vaisseaux
de guerre russes entrant dans mes ports de Lorient, ou de Brest, ou de Toulon, on pourrait en
deux ou trois jours leur fournir pour trois mois
de vivres. Faites-moi connaître également s'il y
aurait des vivres à Cadix pour le même nombre
de vaisseaux. Il n'y a pas d'inconvénient à appeler le *Friedland* un vaisseau de 80 canons.
Activez les constructions de la Méditerranée,
et faites vos combinaisons pour réunir à Toulon le plus de vaisseaux que vous pourrez, aux
premières longues nuits de la saison; mes 6
vaisseaux de Cadix, mes 6 vaisseaux de Brest,
mes 2 de Lorient, mes 6 de Rochefort, mes 6
de Toulon, y compris les frégates, feraient une
quarantaine de voiles. Cette flotte, je voudrais
la réunir tout entière à Toulon. Je n'ai pas

besoin de vous faire ressouvenir de la nécessité d'envoyer des forces dans toutes nos colonies aussitôt que la saison le permettra.

Sur ce, etc.

NAPOLÉON.

Fontainebleau, 2 novembre 1807.

MONSIEUR DECRÈS , il est convenable que vous donniez des ordres pour que 1 capitaine de vaisseau , 4 capitaines de frégate, 6 lieutenants de vaisseau, une douzaine d'enseignes, un commissaire de marine intelligent, et un ingénieur de construction, se trouvent prêts à partir pour rejoindre le général Junot ([1]), afin qu'arrivés à Lisbonne, ils puissent prendre possession du port et même des vaisseaux, si on a le bonheur d'en prendre. Il sera donc nécessaire que ces officiers partent secrètement et sans bruit de Bayonne le 17 novembre, pour être rendus le 20 à Ciudad Rodrigo, quartier-général du général Junot. Vous enverrez à ce général la liste des officiers que vous lui adressez. Il faut que ces officiers n'aient rien à demander, et aient leur solde pour tout novembre ou décembre.

Sur ce, etc.

NAPOLÉON.

([1] Duc d'Abrantès, mort à Montbard le 28 juillet 1813.

Paris, le 7 février 1808.

Monsieur Decrès, mon intention est que les 8 vaisseaux qui sont à Flessingue commencent à être mis en rade le 15 février, de sorte qu'ils y soient tous les 8 dans le courant du mois de mars. Ces vaisseaux formeront leurs matelots, exerceront leurs équipages, et se tiendront en situation de partir aux premiers ordres. En passant l'été en rade, ils obligeront les Anglais à tenir un égal nombre de vaisseaux pour les bloquer, et cela leur fera tout autant d'inquiétude. Ils pourront passer par la passe hollandaise, et ils pourront prendre leur temps pour étudier le passage par la rade française. J'aurai plusieurs avantages en cela, d'abord de former leurs équipages, de les faire entrer en ligne avec les Anglais, et de préserver les officiers et les équipages qui seront à leur bord de ce que l'air de Flessingue a de trop malfaisant. Il est

malheureux que cette escadre n'ait pas 2 frégates Mon intention est que les 2 frégates qui
sont à Dunkerque aillent la joindre, et que
celle qui est en construction à Flessingue soit
poussée avec une telle activité qu'elle puisse
être achevée en trois mois. Demandez à l'amiral
Verhuel (¹) si la Hollande ne pourrait pas faire
arriver dans ce port, par l'intérieur, 2 frégates
et quelques corvettes ou bricks pour éclairer
cette escadre. Si je ne fais pas sortir mon escadre en hiver, en octobre, elle pourra rentrer
dans le port, ce qui est une opération de peu
d'importance. Mais elle peut passer tout l'hiver
en rade. Il n'y a pas d'exemple que la rade de
Flessingue ait gelé; elle charrie des glaçons;
mais le grand inconvénient du charriage des
glaçons vient de ce que les cales sont coupées.
Ne pourrait-on pas jeter des corps morts attachés avec de fortes chaînes de fer pour amarrer
les vaisseaux, et placer des piquets et une es-
tacade dans la rade pour arrêter les glaçons qui
viennent d'en haut? Je désire que ces moyens
soient approfondis. Au surplus, il y sera pourvu
en faisant rentrer l'escadre en octobre ou no-

(Vice-amiral, pair de France, naturalisé français.

vembre. Le brick *le Favori*, qui est à Flessingue,
y restera pour servir à éclairer l'escadre.

Sur ce, etc.

NAPOLÉON.

P. S. J'y joins une lettre pour le roi de Hollande que vous ferez partir par votre courrier.

Paris, le 11 février 1808.

MONSIEUR DECRÈS,

La demande que vous faites de 1,000 conscrits pour Flessingue, ne peut pas être accordée de cette manière. Mon intention est que vous
me présentiez un projet de décret pour former
sur-le-champ 8 équipages à Flessingue, 6
à Brest, 3 à Lorient, 3 à Rochefort et 10
à Boulogne ; ce qui fera 30 équipages. Ces
30 équipages, en les supposant de 500 marins chacun, feraient 15,000 marins ; et en supposant que dans ces 15,000 marins il entrât
3,000 canonniers, cela ne ferait plus que
12,000 marins. Ce que vous avez à Brest, à
Boulogne, sur les côtes de l'Océan, hormis les
escadres en mouvement, doit être évalué à
10,000 hommes ; il faudrait donc 4 ou 5,000
conscrits pour les compléter. Voici la question
à décider : 1° Les canonniers de la marine fe-
ront-ils partie des équipages, ou continueront-
ils à former des régiments à part ? 2° Les régi-

ments d'infanterie continueront-ils à fournir des garnisons, ou ces garnisons feront-elles partie des équipages? 3° Combien de classes et de grades de matelots composeront les équipages? 4° Enfin quel est l'âge le plus favorable pour les conscrits pour passer de l'armée de terre à la marine ? Il est donc important que vous me remettiez un projet général. Mon intention est d'entretenir 100 équipages sans comprendre les garnisons, formant un effectif de 50,000 hommes; indépendamment de ce, d'avoir toujours sur chaque vaisseau 100 à 150 marins, provenant des classes, qui ne seraient pas compris dans les épuipages. Ce nombre serait plus ou moins considérable, selon que le présent sous les armes se rapprocherait plus ou moins de l'effectif. Ainsi, je composerais l'équipage d'un vaisseau de 74 de la manière suivante : le fond de l'équipage, 500 hommes; je mets pour les malades 50 hommes, il n'y aurait donc présent sur le vaisseau que 450 hommes ; supplément d'équipage fourni par les classes, 150 hommes; garnison, 100 hommes. Total de l'équipage du vaisseau, 700 hommes. Les hommes qui sortiraient des hôpitaux ou reviendraient de chez eux, pendant que le vaisseau serait à la mer, retourneraient dans leur arrondissement, et il

y aurait dans chaque grand port un dépôt de
marins, administré de manière que ce qu'on
leur accorderait en nourriture et en paie se
résolût par un décompte de l'équipage. En supposant donc que les besoins de ma marine exi-
geassent 100 vaisseaux de guerre, y compris les
frégates, il me faudrait entretenir un effectif de
50,000, hommes montant des 100 équipages ;
15,000 hommes montant du supplément d'é-
quipages ; 10,000 hommes pour garnison des
vaisseaux. Total des troupes employées pour la
marine, 75,000 hommes. Il faudrait ajouter à
cela ce qui est nécessaire à la protection des
côtes, pour l'armement des avirons, tartanes,
petits bâtiments, et pour l'armement des bricks.
J'évalue cela à 10,000 hommes. La marine emploierait donc 85,000 hommes.

Sur ce, etc.

NAPOLÉON.

Bordeaux, le 12 avril 1808.

Monsieur Decrès, j'ai dans ce moment 8 vaisseaux et 2 frégates à Flessingue. Je désire que les travaux d'Anvers soient poussés avec la plus grande activité. Je compte les aller voir dans le courant de l'été. Je désirerais mettre à l'eau avant le mois de novembre 2 ou 3 vaisseaux, et au mois de mars prochain les autres. Je pourrais donc espérer d'avoir dans la campagne prochaine 18 vaisseaux de guerre, dans le temps que les Hollandais en auraient 10. Ces 18 vaisseaux, s'ils étaient toute l'année prochaine sans sortir, pourraient-ils tous entrer à Flessingue? Il me semble avoir entendu dire que ce port ne pouvait en contenir que 14; mais il doit y avoir moyen d'en placer 3 ou 4 dans un lieu à l'abri des glaces. Il serait en général à désirer que 25 vaisseaux pussent être réunis à Flessingue, puisque les chantiers d'Anvers sont les seuls où nous puissions vraiment construire, et que la guerre actuelle peut être longue. En y mettant toute l'activité convenable, nous pouvons avoir en 1810, 27 à 28 vaisseaux dans la rade de Flessingue, accroissement progressif effrayant pour l'Angleterre. Je crois avoir ouï dire qu'il était facile d'augmenter les bassins. J'attends le rapport que vous me ferez là-dessus. Je ne puis espérer d'avoir à Brest que 6 vaisseaux capables de faire campagne, lesquels ne porteraient que 3,000 hommes. Je pourrais y avoir 6 frégates ou grosses corvettes, capables de porter 1,200 hommes. Je désirerais savoir si on ne pourrait pas disposer de 7 ou 8 de nos anciens vaisseaux qu'on armerait en flûte; qui pourraient porter 7 à 8,000 hommes, et qui seraient capables d'aller en Irlande ou en Amérique. Enfin il y a les flûtes qui sont à Brest. Puis-je avoir l'année prochaine à Lorient 3 vaisseaux de guerre, à Rochefort, 5. J'espère en avoir 8 à Cadix, parce que je réunirai à mon escadre 3 vaisseaux espagnols, 4 à Lisbonne, combinés avec la flotte russe; 15 à Toulon et 3 à Ancône, ce qui me ferait 64 vaisseaux de guerre français. J'aurai de plus 25 vaisseaux espagnols, 12 russes et 10 hollandais, total 110 vaisseaux de guerre, situation qui ne laisserait pas de donner lieu à toute espèce de combinaison, surtout appuyés à la flottille. L'Irlande, les possessions d'Amérique, Surinam, le Brésil, Alger, Tunis, l'Égypte, la Sicile, sont des points vulnérables; mais le port où il faut construire avec le plus d'activité, c'est Anvers. Pourquoi n'y a-t-il pas un autre vaisseau à Gênes? Si le local vous paraît défavorable, faites-le mettre à Sestri ou à la Spazzia.

Sur ce, etc.

NAPOLÉON.

Bordeaux, le 12 avril 1808.

Monsieur Decrès,

J'ai 10 vaisseaux à Toulon. Je vous réitère de prendre les mesures nécessaires pour que le vaisseau qui est à Gênes soit mis à l'eau dans le plus court délai, ainsi que les 2 qui sont à Toulon, ce qui portera le nombre de mes vaisseaux dans ce port à 13, qui, avec les 2 vaisseaux russes de l'île d'Elbe et les 6 vaisseaux espagnols de Mahon, formeront une escadre de 21 vaisseaux de ligne, avec une douzaine de frégates, corvettes ou gros bricks. J'ai à Toulon 2 flûtes de 800 tonneaux, 2 flûtes de 450 et 1 de 350. *Le Frontin* doit être tenu en bon état ; il peut servir comme flûte. Ces 6 flûtes doivent facilement porter 3,500 hommes ; et l'escadre dont je viens de parler doit facilement porter 16,000 hommes, ce qui ferait près de 20,000 hommes. Je désire que vous fassiez construire à la Ciotat, à Marseille, etc., 8 flûtes de 800 tonneaux ou de 450, selon que vous le jugerez plus utile. Celles de 800 tonneaux ont l'avantage d'employer moins de bâtiments ; celles de 450 ont l'avantage de n'exiger que des bois d'un petit échantillon, et d'être plus faciles à manœuvrer. Vous me ferez connaître également le nombre de bâtiments suédois, prussiens, portugais, qui sont à Toulon ou à Marseille, appartenant à la marine, et les ressources qu'ils pourraient offrir. S'il y avait quelques flûtes danoises, vous me rendrez compte s'il est convenable de les acheter. Mon intention est d'avoir toujours à Toulon un nombre de flûtes suffisant pour porter 6,000 hommes d'infanterie, 1,000 chevaux et 1,000 hommes avec les chevaux. Je désirerais que, s'il n'y a pas d'inconvénient, il y eût sur chaque flûte des chevaux, et que le nombre des flûtes pour porter ces 7,000 hommes et 1,000 chevaux ne dépassât pas 20. Je compte *le Frontin* comme flûte, de sorte que 28 à 30,000 hommes et 1,000 chevaux seraient portés sur 50 bâtiments ou même sur 60 au plus, ce qui ne serait pas un immense convoi. Le transport serait pour une expédition dans la Méditerranée, et demanderait trois mois de vivres et deux mois d'eau pour les chevaux. Faites-moi un mémoire très sérieux là-dessus. Mon intention est de tenter une grande opération au mois d'octobre, pour laquelle j'ai besoin de 30,000 hommes et de 1,000 chevaux. Activez toutes les constructions de Toulon. Proposez-moi la construction des flûtes que je vous demande. Si je puis les avoir en septembre, bien ; sans quoi elles serviront pour l'année prochaine. Proposez-moi un projet d'expédition en septembre avec les moyens actuels, si nous ne pouvons pas compter sur les nouvelles flûtes. Je vois dans ce pays une grande quantité de bâtiments danois qu'on aurait à bon marché, et qui paraissent être de beaux bâtiments.

Sur ce, etc.

NAPOLÉON

Bayonne, le 16 avril 1808.

Monsieur Decrès,

J'ai vu en grand détail le port de Bayonne. Les vaisseaux de 74, comme ceux d'Anvers, pourraient y être construits et conduits jusqu'à la barre. Le passage de la barre dépendrait des événements. Il y a des exemples de vaisseaux suédois, tirant 18 pieds d'eau, qui y sont passés : cette barre est très mobile. Cependant, s'il était possible d'alléger le vaisseau avec un chameau, le passage serait facile. Il peut y avoir de l'avantage à ces constructions, puisque les bois ne peuvent être transportés à Rochefort. Mais cela est d'ailleurs une circonstance très secondaire. Je désire que vous me fassiez un rapport là-dessus. Je ne sais par quelle bizarrerie les travaux du port sont dans la main des ingénieurs militaires que cela ne regarde pas. Je ne pense pas qu'il soit de mon honneur d'abandonner les travaux qu'on a faits depuis quatre-vingts ans, lorsqu'avec une somme de 4 à

5oo,ooo fr. , je puis me promettre de grands avantages de ces travaux. Jusqu'où le prolongement des jetées doit-il être fait? Cela détruira-t-il la barre? J'ai trouvé à Bayonne 2 gabarres de 2 à 3oo tonneaux, tirant douze pieds d'eau chargées. Elles ne trouvent pas tous les jours la facilité de sortir. Rien n'est plus mal entendu que ce service, et en jetant un coup d'œil sur les détails, je ne suis pas étonné que la marine me dépense 100,000,000, et que rien ne réussisse dans mes arsenaux. *La Mozelle* est une gabarre de 2 à 3oo tonneaux ; elle porte 3,2oo pieds cubes de bois, et fait un voyage par an de Bayonne à la Rochelle. Ainsi donc, pour avoir 3,2oo pieds cubes de bois, qui valent 12,ooo fr. , transportés de Bayonne à Rochefort, j'entretiens un bâtiment qui, en agrès, réparations me coûte au moins 3,ooo par an, qui exige 4 officiers et 116 marins qui doivent me coûter au moins 8o,ooo fr. pour vivres, solde et habillement. Pour avoir donc 3,2oo pieds cubes de bois, je dépense 83,ooo fr. par an, c'est-à-dire 24 fr. par pied cube, et je n'ai pas même la consolation de former de marine, car ces bâtiments, comme vous voyez, ne naviguant pas, ne font qu'un voyage par an. A cette perte, il faut ajouter que les 100,000 pieds cubes de bois que produisent le bassin de l'Adour et les Landes ne trouvent point d'écoulement par les mauvais moyens qu'on prend. Si, au lieu de cela, on laissait les gabarres désarmées dans le port de Rochefort, afin d'être employées en temps de paix ou pour le service des colonies, et qu'on se servît des alléges de Nantes, qui ne tirent que 7 à 8 pieds d'eau, on transporterait le quadruple de bois. Enfin on transporterait la quantité qu'on voudrait par les caboteurs, même les bois longs, de Bayonne à Rochefort, en leur donnant une légère indemnité. J'ai remarqué qu'il y avait sur ces gabarres d'anciens matelots. Leurs équipages suffiraient pour armer un vaisseau. Quand j'ai évalué 83,000 fr. la dépense que me coûtent ces gabarres, je n'ai pas calculé le danger qu'elles courent d'être prises. L'année passée, j'en ai perdu trois. Je n'ai pas compté non plus le renouvellement des agrès, coûtant 150,000 fr., qui étant usés en dix ans, forme encore 15,000 fr. Mais, dira-t-on, on faisait cela en 82. Sans doute ; mais les circonstances étaient bien différentes. On était en paix, on sortait comme on voulait. Quand on voit ces bâtimens, il n'y a qu'une seule chose qui reste, c'est l'idée qu'ils puissent faire un voyage sans être pris, si de

Bayonne à Rochefort ils n'ont pas de protection. Ils sont énormes et marchent d'autant plus mal, qu'on y a mis des pièces de 6, au lieu de pièces de 4. Ils marchent mal, parce qu'ils sont mal construits, parce qu'ils n'ont pas assez de ban. Les marins sont toujours étonnés qu'on ne construise pas les gabarres sur le modèle de *la Lionne*, qui sert d'amiral à Rochefort. Elle portait 6,000 pieds cubes de bois au lieu de 3,000, tirait 6 pieds d'eau, et marchait comme une frégate. En général, je vois que dans tous les ports on fait les mêmes plaintes. Les bâtiments se comportent mal à la mer parce qu'ils n'ont pas assez de ban.

Je demande que les ingénieurs mettent leurs plans dans leur poche, et que l'on construise des gabarres sur le modèle de *la Lionne* ; qu'elles soient réservées pour le Nord, et pour s'en servir en temps de paix, et pour des ports où il n'y a pas de barre ; que les transports, de Bayonne à Rochefort surtout, ne se fassent que par des alléges comme celles de Nantes, tirant 7 à 8 pieds d'eau, ayant peu d'équipages et portant une grande quantité de bois ; et qu'enfin on livre, s'il le faut, ces transports à l'industrie particulière.

Le port de Bayonne n'est presque jamais blo-

qué. Des corvettes et des avisos pourraient en
partir pour les îles sans danger. Cependant il
n'y en a pas un. Il devrait toujours y avoir 3
ou 4 corvettes ou bricks pour expédier des
troupes ou des avis aux colonies. De là j'ai été à
l'Arsenal; j'y ai vu une assez grande quantité de
bois, et ce qu'on avait fait de deux vaisseaux
de guerre. Les pièces du *Vénitien* sont prêtes
depuis un an. J'ai vu en construction 2 très
mauvaises gabarres à la place desquelles on aurait pu mettre 2 frégates ou au moins 2 corvettes ou bricks qui, sortant de Bayonne, et
ayant les ports d'Espagne pour refuge, pourraient croiser avec succès ou se porter partout
où il serait nécessaire. J'ai vu 15 à 20,000 pieds
cubes de bois pourri, parce qu'il est là depuis
un temps immémorial. Il faut achever ces 2
mauvaises gabarres ou les ôter du chantier, et
mettre 2 corvettes tirant 11 ou 12 pieds d'eau,
et 4 ou 5 bricks qu'on pourra facilement mettre
en armement pour voyager aux colonies. Il serait aussi à propos d'y construire 2 frégates
pour utiliser ces bois qui coûtent si cher à
transporter, et qui, ne l'étant pas, se pour-
rissent.

Le commerce de Bayonne demande, avec raison, que son cabotage avec le Portugal soit

protégé. Si ce cabotage était protégé au passage des trois caps, il irait alimenter le Portugal en vins et en blé, et rapporterait en retour des sucres et autres denrées à Bayonne.

Je désire donc que vous chargiez un capitaine de frégate intelligent de se rendre à Bayonne ; que vous mettiez sous ses ordres 4 ou 5 bâtiments d'une force supérieure aux péniches et goëlettes, avec lesquels il ira prendre station pour favoriser le passage des caps de Bayonne à Lisbonne. Cet officier pourrait prendre langue à Bayonne, aller visiter les lieux par terre, et revenir prendre le commandement de ses bâtiments. Vous pourriez, pendant ce temps, lui préparer son armement à Bordeaux, Bayonne ou Rochefort. Vous devez sentir l'immense avantage qui résulterait pour la France et pour le Portugal de cet établissement de cabotage. Si l'on peut tenir des frégates sur les points où le cabotage peut être protégé, il faut y en diriger 3, en attachant à chaque frégate 1 brick et 3 ou 4 péniches. Je crois vous avoir écrit que le cabotage de Bordeaux ne dépendait que du passage des caps où il avait besoin d'être protégé. Je dois ajouter qu'il faut à l'embouchure de la Gironde 2 frégates et 2 bricks, qui feraient une division de 4 bâtiments de guerre commandés par un officier qui aurait l'autorisation de les faire sortir quand il le jugerait nécessaire. Cela aurait l'avantage de maintenir libre l'embouchure de la Gironde et de favoriser le commerce. Avec l'argent que coûte le transport des bois de Bayonne à Rochefort, on en aurait une grande quantité dans la Garonne, et on approvisionnerait Rochefort comme on voudrait. La marine a beaucoup de chose à faire. Il faut tout voir par vous-même, et raisonner dans le sens de notre situation. On pourrait avoir de grandes économies, faire beaucoup de travaux, et donner du soulagement au commerce.

Sur ce, etc.

NAPOLÉON

Bayonne, le 18 avril 1808.

Monsieur Decrès, méditez l'expédition d'Alger,
tant sur le point de vue de mer que sous celui de
terre. Un pied sur cette Afrique donnera à penser
à l'Angleterre. Y a-t-il sur cette côte un port ou
une escadre qui soit à l'abri d'une force supérieure? Quels seraient les ports par où l'armée,
une fois débarquée, pourrait être ravitaillée? et
combien l'ennemi pourrait-il bloquer de ports
différents? En Égypte, il n'y avait guère que le
port d'Alexandrie. Rosette était un port très dangereux; cependant on le comptait. Ici, je crois
qu'il y en a une douzaine. Combien peuvent-ils
contenir de frégates, de bricks et de gabarres?
L'escadre de l'amiral Ganteaume entrerait-elle à
Alger et y serait-elle à l'abri d'une force supérieure? Quelle est la saison où la peste n'est plus
à craindre et où l'air est bon? Je suppose que
ce doit être en octobre. Après avoir étudié l'expédition d'Alger, étudiez bien celle de Tunis.

Écrivez-en confidentiellement à Ganteaume, qui, avant de venir à Paris, peut prendre des renseignements ; ils peuvent s'étendre jusqu'à Oran et s'appliquer à la terre et à la mer. Les renseignements à prendre par terre sont s'il y a des chemins et de l'eau. Je suppose que cette expédition demande 20,000 hommes. Vous sentez bien que cette expédition, l'ennemi la supposerait pour la Sicile, et qu'il serait bien déjoué si, au lieu de cela, elle se rendait à Alger.

Je ne vous demande une réponse que dans un mois ; mais, pendant ce temps, recueillez des matériaux tels qu'il n'y ait pas de *mais*, de *si*, de *car*. Envoyez un de vos ingénieurs discrets sur un brick, qui puisse causer avec le sieur Thainville ; mais il faut que ce soit un homme de tact et de talent. Il faudrait que cet ingénieur fût un peu officier de marine et un peu ingénieur de terre. Il faut qu'il se promène lui-même en dedans et en dehors des murs, et que, rentré chez lui, il écrive ses observations, afin qu'il ne nous rapporte pas de rêveries. Vous pourriez même vous concerter avec Sanson pour avoir un homme capable. Vous devez trouver des renseignements dans les archives des relations extérieures et de la guerre. Faites faire des recherches dans ces archives et dans les vôtres. De tout temps on a demandé en France des renseignements sur ces pays (¹).

Sur ce, etc.

NAPOLÉON.

(¹) Cette expédition d'Alger était depuis long-temps l'objet des méditations de l'empereur ; on peut même dire que pendant tout son règne il la poursuivait en même temps que celle d'Angleterre et d'Égypte. Déjà, en 1802, le ministre de la marine s'était adressé, de la part du premier consul, à Jean Bon-Saint-André, ancien agent français près de la régence, pour avoir des renseignements sur ce pays. Le secret devant être gardé pour cette expédition, il lui avait dit de s'enfermer dans son cabinet, de n'employer aucun secrétaire, et de répondre de suite aux différentes questions qu'il lui posait.

Nous croyons donc devoir donner ici cette réponse de Jean Bon-Saint-André (*) quoiqu'elle soit de 1802.

(*) Député à la Convention Nationale, mort à Mayence le 10 décembre 1813.

Mayence, le 8 thermidor an x (27 juillet 1802).

LE COMMISSAIRE GÉNÉRAL DU GOUVERNEMENT DANS LES NOUVEAUX DÉPARTEMENTS DE LA RIVE GAUCHE DU RHIN, AU MINISTRE DE LA MARINE ET DES COLONIES.

CITOYEN MINISTRE,

J'ai reçu hier soir à sept heures la lettre que vous m'avez fait l'honneur de m'écrire ; et, après l'avoir lue, j'ai regretté plus vivement que jamais la perte de mes papiers où j'aurais trouvé des notes qui m'eussent fourni des réponses assez précises à vos questions. Celles que je pourrai vous faire, citoyen ministre, ne seront que des réminiscences, et ne peuvent, par conséquent, valoir que comme aperçu. Je tâcherai cependant de leur donner tout le degré d'exactitude dont je serai capable.

Mais, pour suppléer à ce que je ne ferai pas, je dois, avant tout, vous indiquer un travail utile qui doit exister dans les cartons des relations extérieures. C'est un mémoire du citoyen Kercy, l'un de mes prédécesseurs dans le commissariat d'Alger, qui traite de l'état physique, moral et militaire de la régence. J'ai lieu de croire que ce mémoire a été rédigé avec soin, et comme l'état d'Alger n'a pas changé depuis sa rédaction, il offre des données sûres auxquelles on peut avoir confiance.

Sur l'état de l'intérieur du pays, sa population, le caractère des indigènes, leur force, ce qu'on en peut espérer, ce qu'on en doit craindre, il serait bon de consulter le citoyen Perron, chef principal des établissements de la compagnie d'Afrique en Barbarie, qui a passé sa vie entière à *la Cale*, qui connaît parfaitement les mœurs, la langue du pays, qui a eu notamment avec les beys de Constantine des relations suivies, et qui m'a prouvé dans le temps, par sa correspondance, qu'on pouvait s'en rapporter à ses talents et à ses connaissances acquises. J'ignore s'il existe encore ou si les mauvais traitements qu'on lui fit éprouver lors de la déclaration de guerre n'auront pas abrégé ses jours. Mais s'il est vivant, non seulement on peut tirer grand parti de ses lumières pour préparer une expédition, mais encore, si l'expédition devait avoir lieu, il en devrait être comme interprète, comme guide, et peut-être comme conseil.

Quand j'étais commissaire à Alger, le Directoire, sur la demande du dey, y envoya un constructeur français nommé Geoffroi. C'était alors un jeune homme, mais il avait de l'esprit et de l'instruction. Le ministre Touquet lui donna l'ordre de lever le plan et le dessin des fortifications d'Alger. Il y demeura trop peu de temps pour remplir cette tâche. L'intrigue des juifs, dont je parlerai plus bas, le fit renvoyer. Mais néanmoins il a dû s'en former une idée passablement exacte, et ce bon jeune homme est sous votre main et dans votre département.

Enfin, citoyen ministre, j'ai vu, à Alger, le capitaine Barré, commandant la frégate *l'Alceste*. Il y relâcha pour cause d'avarie et demeura trente jours amarré dans le port même. Il fit quelques observations, il voulut même sonder la baie, au revers de l'arsenal, dans la partie de l'ouest. Les Algériens virent d'un fort mauvais œil cette entreprise à laquelle ils menacèrent de s'opposer à force ouverte. Mais Barré aura pu conserver le souvenir de ce qu'il a été à portée de voir de si près. Il promettait alors de devenir un bon officier.

Après ce préambule qui ne vous paraîtra peut-être pas un hors-d'œuvre, j'entre, citoyen ministre, dans le détail des réponses aux questions que vous me faites.

Première Question.

*Quelles sont les fortifications d'Alger
du côté de la mer?*

Réponse. — La partie de côte sur laquelle la
ville d'Alger est située forme une grande et vaste
baie, plus ou moins profonde, qui s'étend depuis
la pointe Pescao, à l'ouest, jusqu'au cap Matifou,
à l'est.

A partir de la pointe Pescao, jusqu'à la partie
occidentale de la ville appelée Babalouet, la
côte est semée de forts, fortins et batteries qui,
de mon temps, étaient dans un grand état d'a-
bandon, et qui, par eux-mêmes, ne doivent pas
être fort redoutables, soit parce qu'ils sont mal
entendus, soit parce qu'en débarquant on pourrait facilement les prendre à revers. La côte,
dans toute cette partie, est roide et peu propre
à un débarquement.

Et à l'Est?

De la porte orientale appelée Babason, jusqu'au fond de la rade, on trouve d'abord une
côte roide de rocher, au-dessus de laquelle
sont encore des ouvrages isolés semblables à

ceux dont j'ai parlé. Ensuite dans la partie basse et unie est une ligne de retranchements en terre, appuyés de distance en distance de batteries. Ces retranchements furent élevés pour s'opposer aux Espagnols qui tentèrent la descente de ce côté. Ils se prolongent à la distance d'une bonne lieue, ou peut-être davantage. Au-delà de la plaine est un sable profond et presque mouvant. L'embouchure d'une petite rivière qui se jette dans la mer, dans l'enfoncement de la rade, présente un obstacle naturel. La côte qui de cette embouchure se recourbe au Nord pour venir chercher la pointe Matifou, est semée de broussailles et d'arbustes, parmi lesquels se trouvent les ruines d'une ancienne ville. Dans cette partie est encore un fort isolé, mais qui, je crois, n'a d'autre objet et ne peut guère avoir d'autre utilité que de défendre ou de protéger le mouillage, qui est assez bon sur la côte orientale, et que l'on est quelquefois obligé d'aller chercher lorsque les vents d'ouest soufflent avec force.

Les seules fortifications d'Alger qui soient bien entendues, et qui, défendues avec intelligence pourraient opposer une résistance au moins *très opiniâtre*, sont celles de la Marine ou autrement de l'Arsenal. Au bas de la porte qui donne sur la mer, la nature a placé une petite île que les hommes ont réunie au continent par une digue en gros quartiers de pierre vive, qu'il faut réparer tous les ans, à cause des dégâts qu'occasionnent les coups de vent du nord qui sont violents sur ces parages. La réunion de l'île à la terre ferme forme au sud-est un petit port resserré et assez mauvais. C'est de là que partent ces méchants petits corsaires qui font trembler le commerce de toutes les nations. L'Arsenal algérien, avec tous ses établissements, est placé sur l'île même, qu'on a eu grand soin de fortifier; de triples batteries, à l'instar de celles qui défendent l'embouchure de la rivière de Brest, et fort bien entretenues, en défendent l'approche. Les agents diplomatiques, qu'une méfiance jalouse environne, ne sont pas admis à les visiter; mais ils peuvent s'assurer qu'elles sont redoutables, et c'est sur elles que s'appuie toute la présomption des Algériens qui les regardent comme inexpugnables. Attaquées du côté de la ville, elles ne résisteraient pas, et j'ai ouï-dire à des militaires étrangers qu'une attaque vive du côté de la mer, et un débarquement audacieux au pied des murailles mêmes de l'Arsenal, pourraient les emporter, mais non sans perdre beaucoup de monde. Cette assertion, au reste, saisie dans un entretien particulier, ne peut pas remplacer dans l'esprit d'un général prudent l'inspection attentive d'un plan exact que j'ai le malheur de ne pouvoir pas fournir.

Et du côté de la terre?

Du côté de la terre, Alger est à peu près, et l'on pourrait dire absolument sans défenses, autres néanmoins que les positions naturelles qui, chez un peuple habile dans l'art de la guerre, mériteraient bien quelque attention. Tout ce que l'art y a fait se réduit à un double mur d'enceinte à machicoulis qui ne résisterait pas à une pièce de canon de quatre livres de balle. La ville, située en amphithéâtre au bord de la mer sur une colline dont la pente est très rapide, n'a que quatre portes, sans pont-levis, savoir la porte de la Marine du côté de l'Arsenal, les portes latérales de Babason et Babalouest près du port de la mer, l'une à l'est et l'autre à l'ouest, et la porte Neuve dans le haut de la ville; et au sud-est un fossé sans eau, et qui n'en peut avoir vu la pente, règne dans le haut et des deux côtés de la ville dans l'escarpement de la montagne.

Dans la partie supérieure, à une demi-portée de canon, et sur un tertre isolé qui domine la ville et la bat en plaine est une forteresse appelée le Château de l'Empereur. Les Espagnols croient que Charles-Quint le bâtit en une nuit, et j'ai lu cette fable puérile dans un Neptune à bord d'une frégate espagnole qui me transporta à Alger. Le fort de l'Empereur n'est pas redoutable pour un ennemi, mais il le serait beaucoup pour la ville, si, un débarquement étant effectué, on venait à s'en emparer, ce qui pourrait se faire sans peine. Alors Alger canonnée et bombardée, ne pourrait qu'ouvrir ses portes au vainqueur.

Seconde Question.

Si nous étions en guerre avec les Algériens, quelles mesures seraient à prendre pour les empêcher de nous faire du mal?

Réponse. — Si la guerre éclatait avec Alger, on n'aurait pas à craindre que ce peuple vînt avec une armée tenter une invasion sur le territoire de la république; mais, suivant l'usage de ces barbares, leurs corsaires se répandraient sur les points de passage de notre commerce du Levant et des colonies pour intercepter nos navires marchands; ils viendraient sur nos côtes et celles d'Italie, de Gênes, d'Espagne et de Corse pour troubler notre cabotage; ils chercheraient à s'insinuer dans nos anses, nos baies ouvertes, nos criques; à descendre sur les points indéfendus de nos côtes, pour y enlever des bestiaux, des denrées, saisir les hommes, les femmes, les enfants, et les emmener en esclavage. Le genre d'attaque détermine celui de la défense, et vous le connaissez mieux que moi, citoyen ministre; ils consistent :

1° A donner aux bâtiments marchands des escortes suffisantes pour débouquer le détroit de Gibraltar, ou les garantir pendant leur navigation sur la Méditerranée, dans l'Archipel, sur les côtes d'Asie, d'Afrique et de la Grèce.

2° A faire escorter de même notre cabotage.

3° A établir des croisières sur nos côtes, au détroit de Gibraltar, dans le canal de Malte, au cap Bon, à Kérigo, à Rhodes, etc., etc.

Dans une guerre telle que celle d'Alger, il me semble qu'il faut répandre les frégates sur la Méditerranée, en confier le commandement à des hommes instruits à la fois et audacieux, punir sévèrement ceux qui se laisseraient prendre, parce qu'il est plus humiliant pour un pavillon français de se baisser devant un pavillon barbaresque que devant tout autre ; ne pas tolérer de la part des officiers les relâches sans motifs, et les séjours oiseux dans les ports, où l'on n'apprend pas son métier, et où l'on ne le fait pas; être toujours en mouvement, se trouver partout; et comme la guerre algérienne n'a rien qui puisse tenter la cupidité, stimuler les officiers par des récompenses d'honneur, et les équipages par une prime proportionnée aux difficultés et à l'importance de la victoire. Ce n'est pas à un amiral que je dois me permettre d'observer que le service actif des frégates est la véritable école des marins, et qu'une guerre algérienne, dirigée par ses ordres, aurait pour effet nécessaire de former de bons hommes. Voilà pourquoi principalement je pense qu'il serait utile de multiplier les moyens de ce genre, même au-delà des besoins réels.

4° Le service des batteries, et en général celui de toute la côte, devrait être fait avec la plus rigoureuse surveillance. Une seule famille, un seul individu emmené esclave en Alger, est un grand malheur; c'est un de nos concitoyens privé de ses droits les plus précieux. La garde nationale, la troupe de ligne. les canonniers, doivent être en activité perpétuelle; des patrouilles, surtout de nuit, doivent succéder aux patrouilles dans les endroits suspects. Il faut en un mot faire la garde comme contre des voleurs qui cherchent à surprendre.

5° Les îles d'Hyères, celles de Rotoneau, celles de Sainte-Marguerite, le golfe Juan, celui de Fréjus, etc. , méritent une attention plus particulière que tout le reste, et leurs garnisons doivent être renforcées là où il y en a, et établies là où il n'y en a pas. Des chaloupes canonnières doivent être toujours, et autant qu'il est possible, à la voile dans les canaux de ces îles et dans les autres lieux où on peut se cacher aisément.

6° L'île de Monte-Christ est connue pour être un des repaires favoris des corsaires barbaresques. Cette île et tous les petits écueils qui se trouvent entre la côte de Naples et celles de Corse ne sauraient être surveillés avec trop de soin.

7° Enfin les précautions à prendre pour la côte méridionale de France sont en tout temps applicables à la Corse, et il faut observer de plus que le canal de Bonifacio, où je sais par les jactances des Algériens qu'ils y ont relâché plusieurs fois et enlevé des bestiaux et des hommes, est un des points qu'il faut garder. Une station dans ces parages, où le Fort Vieux offre un bon asile, ne serait pas sans utilité, et si les autorités de la Sardaigne, ennemie perpétuelle d'Alger, étaient stimulées à nous seconder, ce passage pourrait être bien fermé.

Quelles croisières faudrait-il établir ?

J'ai parlé des croisières protectrices et défensives. Les croisières offensives ne pourraient guère être établies que sur trois points : 1° Devant le port d'Alger, depuis la pointe Pescao jusqu'au cap Matifou, et quelques lieues au large, suivant le système de ruse propre aux croisières. 2° Devant les rades de Bone et de Bougie, plus particulièrement de la première. 3° Devant Arzou et Oran. Ces croisières devraient être faites par des divisions de frégates et corvettes. Celle d'Alger devrait être la plus forte et proportionnée à la connaissance qu'on aurait des armements du Dey. Celle-ci pourrait même être appuyée d'un vaisseau de 74, qui devrait être un des meilleurs voiliers de l'armée.

Quelles mesures seraient à prendre pour leur nuire, et quelles opérations faudrait-il exécuter pour leur faire le plus de mal possible par les seuls moyens maritimes ?

Tout le monde se souvient, surtout à Alger.

du fameux bombardement opéré par l'un de nos
plus braves amiraux, le célèbre Duquesne. Mais
quand Duquesne bombarda cette ville, les fortifications de la Marine n'étaient pas dans l'état
où elles sont aujourd'hui, les Algériens ne
connaissaient pas l'usage des chaloupes canonnières, avec lesquelles ils se sont familiarisés au
point de les manœuvrer avec justesse. Cependant les Espagnols, dans leur dernière expédition, ont aussi bombardé Alger; et si Barcello,
suivant la tradition, n'avait pas été desservi à
Carthagène par les mauvaises munitions qu'on
lui avait données tout exprès, dit-on, pour le
faire échouer; s'il n'y avait pas eu de mésintelli
gence entre les généraux de terre et de mer,
écueil ordinaire et le plus redoutable de toutes
les opérations combinées des deux services, on
assure que l'humiliation des Barbaresque saurait
été complète. Un bombardement présente donc
plus de difficulté qu'au temps de Duquesne;
mais il n'est pas impossible, et c'est au général
qui a vaincu partout que la solution de cette
question est dévolue de droit. Qui le résoudrait
comme lui, et qui connaîtrait comme lui les
moyens de faire réussir une pareille opération?

A un bombardement près, je ne vois pas quel

mal on pourrait faire à Alger par les seuls moyens maritimes. Tout se réduirait à paralyser la course, à prendre un petit nombre de bâtiments de commerce, dont je parlerai dans la suite, et la guerre serait purement défensive.

TROISIÈME QUESTION.

Si, en cas de guerre avec Alger, on se décidait à employer une armée de terre contre cette régence, comment devrait-elle être composée ? quelle devrait être sa force ?

RÉPONSE. — Cette question est la plus embarrassante pour moi, parce qu'elle suppose des connaissances militaires que je n'ai pas. Je ne puis qu'exprimer une opinion, et le devoir d'obéir m'obtiendra sans doute un peu d'indulgence.

Si on se décidait à employer une armée de terre contre Alger, je crois qu'on devrait avoir en vue de frapper un coup rapide comme la pensée, et de terminer la guerre en huit jours. Ce motif, dont la nature du climat, l'espèce d'ennemis qu'on aurait à combattre, la nécessité de ne pas laisser à leur ignorant amour-propre

l'ombre même d'un prétexte de douter de notre
supériorité ; l'importance de séparer par une
défaite décisive les Maures des Turcs ; la difficulté de se procurer aisément, quand on n'est
pas le plus fort dans ce pays-là, les objets nécessaires au maintien d'une armée ; la facilité
de les obtenir tous quand on peut parler en
maître ; ce motif, dis-je, dont tout concourt à
démontrer la justesse, obligerait à porter l'armée à un nombre plus considérable qu'on n'en
emploierait contre une puissance d'Europe avec
laquelle on aurait les mêmes rapports de force
et de position que la Régence. Je pourrais exagérer pourtant, mais je pense qu'une armée de
50,000 hommes serait nécessaire.

Elle devrait être composée d'une quantité
proportionnée de troupes légères à pied et à cheval plus fortes que dans les armées ordinaires.
Le premier consul a vu en Égypte quelle est la
tactique des Arabes. La cavalerie algérienne est
tout arabe ou maure, ce qui est la même
chose. S'élancer au grand galop et sans ordre
en abandonnant la bride à son cheval, tirer un
coup de fusil à son ennemi, fuir pour rechar-
ger son arme, et revenir à la charge, telle est
leur manière. L'infanterie est turque et arabe ;
elle se bat comme les Turcs.

L'artillerie légère serait extrèmement redoutable pour eux. En général, ils sont mauvais canonniers, et ne concevraient pas comment on peut poursuivre un ennemi à coups de canons traînés par des chevaux au grand trot. Mais encore une fois, le premier consul réunit sur ce point le coup d'œil du génie aux leçons de l'expérience.

Comment et où devrait-elle débarquer?

Le lieu où débarquèrent les Espagnols, au fond de la rade d'Alger, dans la partie orientale, et à plus de deux bonnes lieues de distance de la ville, n'était peut-être pas très mal choisi; mais les Espagnols auraient dû se hâter de marcher en avant, de culbuter l'ennemi, et de s'emparer des hauteurs pour se porter rapidement sur ses derrières au fort l'Empereur, et de s'en rendre maîtres. Mais il paraît qu'ils temporisèrent, qu'ils voulurent se porter en droiture par la plaine sur la ville, ce qui, s'ils avaient pu effectuer leur projet, leur laissait le désavantage de l'attaquer par la partie basse, et d'être toujours dominés par l'ennemi. Ils négligèrent de se porter avec impétuosité sur la première batterie voisine du lieu de leur débarquement, ce qui leur aurait fourni sur-le-champ le moyen de prendre en flanc toute la ligne de retranchements en terre défendus par les Algériens. Enfin le débarquement se fit mal et avec lenteur; il fallut retourner à bord des vaisseaux chercher ce qui manquait, et dans le nombre des bâtiments préposés à favoriser le débarquement, il n'y eut que deux galères de Malte qui firent leur devoir, et qui sauvèrent les débris de l'armée quand elle fut forcée de se rembarquer. En évitant toutes ces fautes, que des Français ne commettent sûrement pas, on pourrait avec succès débarquer dans le même lieu.

Il est un autre point de débarquement que je n'ai jamais vu par moi-même, mais que j'ai entendu beaucoup vanter par des personnes instruites. Celui-ci est à l'ouest d'Alger, à la distance de six ou huit lieues, près du cap de Caxine et de la petite ville ou du bourg de Sarcel, dans une anse ou baie dont je regrette d'autant plus d'avoir oublié le nom, que je n'ai pas de carte pour suppléer au défaut de ma mémoire. De ce lieu à Alger, la route ne passe pas pour être très difficile, et il faudrait avoir également ici l'attention de s'emparer des hauteurs, et de venir par les derrières aboutir au château de l'Empereur.

Quelle conduite devrait-on tenir pour s'emparer d'Alger?

Ce que je viens de dire répond en partie à cette question. Pour compléter ma réponse, je pense que si, après avoir compulsé sur la carte les deux points que je viens d'indiquer, ils étaient jugés convenables l'un et l'autre, il faudrait débarquer sur tous les deux, épouvanter l'ennemi en se montrant partout, diviser ses forces, et dans le temps que l'armée de terre avancerait par les deux routes vers un point commun, occuper la ville par le feu d'une escadre. Les Maures ne marchent guère volontiers au combat quand ils n'ont pas des Turcs avec eux. Mais les Turcs, qui ne sont pas nombreux, obligés de faire face partout, s'attacheront probablement de préférence à la défense de la place, et les deux corps d'armée qui marcheraient contre nous en seraient plus facilement battus et dispersés.

Je ne dois pas oublier qu'on pourrait peut-être, par des moyens diplomatiques, opérer une diversion heureuse du côté de Tunis. Il est connu aux relations extérieures que les deys d'Alger affectent une supériorité de rang et de

pouvoir sur les beys de Tunis. Ils leur parlent
en maîtres, ils en exigent un tribut annuel
connu sous le nom de présent; ils entretiennent
chez eux un wishil ou agent qui exerce une police
réelle; les beys ou capitaines algériens s'appro-
prient à la mer les prises faites par les corsaires
tunisiens; ils disposent de tout arbitrairement
dans le port de Tunis. Le bey souffre très im-
patiemment cette domination, et il voudrait s'en
affranchir, mais il ne le peut pas. Peu après mon
arrivée à Alger, un envoyé extraordinaire de la
république, le citoyen Herculaès, fit déclarer la
guerre au roi de Tunis sous le plus frivole prétexte. Le dey donna ordre au bey de Constantine d'avancer avec une armée sur le territoire
tunisien. Il fallait traverser des montagnes, et
la saison était rigoureuse. L'expédition ne réussit point. Cependant le bey de Tunis s'humilia
et demanda grâce. Ces outrages restent gravés
au fond de son cœur, et sa dépendance l'irrite.
En le flattant de l'espoir de l'en délivrer, et lui
montrant une flotte et une armée prêtes à prendre sa querelle, il ne serait pas impossible de
l'engager à marcher sur Constantine, et d'ôter au
dey le secours des troupes de ce gouvernement.

Il est nécessaire de remarquer que les débarquements sur la côte de Barbarie ne peuvent pas

se faire en tout temps. Les trois mois de messidor, fructidor et thermidor sont les seuls mois favorables dans l'année. En toute autre saison, la houle du nord, qui bat avec plus ou moins de violence sur la plage, rend les débarquements plus ou moins pénibles quand ils ne sont pas dangereux, et les rembarquements seraient bien plus dangereux encore s'ils étaient forcés. C'est une vérité connue des marins qui fréquentent cette côte.

QUATRIÈME QUESTION.

Quelle est la force de l'armée du dey?
Comment est-elle composée?

RÉPONSE. — L'armée du dey se divise en armée que j'appellerai *permanente*, et en armée de *circonstance*.

L'armée *permanente* n'est que de 10,000 à 12,000 hommes. Elle est tout entière composée de bandits turcs, ramassés dans les boues de la Natolie, de la Caramanie et quelques îles de l'Archipel, surtout des îles de Candie et de Rhodes. Cette armée est le plus ferme appui de la puissance du dey. Elle s'embarque par pelotons sur les corsaires, elle passe le reste de son temps à ravager les champs et les jardins qui environnent la ville, à maltraiter les juifs par passe-temps, à déshonorer les femmes et les filles de ces malheureux, etc., etc. Jamais on n'obtient justice contre elle, et il serait même très dangereux de l'obtenir. Si nos relations avec la Porte étaient rétablies de manière à pouvoir compter sur quelque condescendance de la part des sultans, on pourrait, dans le cas d'une rupture avec le dey, demander que le recrutement fût suspendu. Ce serait porter un coup très sensible à la Régence. J'ai été témoin moi-même de l'inquiétude qu'occasionnait le retard de l'arrivée des recrues. Le dey ne compte et ne peut guère compter que sur les Turcs, parce qu'ils ont seuls un intérêt de la même nature que le sien : et quoiqu'il emploie au besoin le reste de la popualation à la guerre, une armée n'a de force que quand elle est conduite, animée et contenue par des Turcs. C'est l'effet de la terreur qu'ils inspirent et l'idée qu'on s'est formée de leur supériorité.

Ce que j'ai appelé l'armée de *circonstance*, est celle que le dey rassemble au besoin, soit pour la défense du pays, soit pour attaquer ses voisins. Elle se compose des corps de troupes qui appartiennent aux beys. Ces troupes sont entièrement maures, et comme il n'est pas d'indigène qui ne soit obligé de marcher, elles forment une multitude assez mal armée et bien plus mal vêtue. Il est assez difficile d'évaluer au juste la force de l'armée que le dey mettrait sur pied s'il était menacé d'une invasion de la part des Français ; mais on peut assurer qu'il rassemblerait beaucoup de monde. A la vérité, les Maures n'ont point de persévérance, et cette armée si nombreuse se fondrait bientôt par la désertion, surtout si le dey éprouvait un échec dès les premiers pas.

Quelle est la population de la Régence ? Quelle est celle d'Alger ?

Je n'ai pas de données assez sûres pour dire quelle est la population de tout le pays soumis à la dénomination du dey. On sait en général que ce beau pays, à peu près inculte, n'a pas une population qui réponde à sa fertilité naturelle. Quant à la population particulière de la ville, elle est évaluée à 60,000 âmes, et je ne crois pas cette évaluation exagérée.

La population d'Alger, et en général celle de tout le pays, se divise en trois classes ou races d'hommes bien distinctes. La première est celle des Turcs venus du Levant qui, comme je l'ai dit, composent essentiellement l'armée du dey. Ils sont à la Barbarie ce que les chevaliers de Saint-Jean étaient à Malte, les souverains du pays, à qui tout obéit. Eux seuls parviennent aux grandes places de la Régence, à l'exclusion, non seulement des indigènes, mais encore des enfants de leurs devanciers nés dans le pays.

Ceux-ci forment la seconde classe de la population, et on la désigne par le nom de Colouris. Nés d'un Turc et d'une femme maure, ils ne peuvent être admis dans la milice turque à la seconde génération, et sont bornés à la culture de leurs propriétés, du commerce et des arts. Comme cette classe est en général dans l'aisance, elle est aussi la plus honnête. Elle sent la dégradation où elle est réduite, et elle aime peu un gouvernement sous lequel elle ne peut prétendre à rien.

La troisième classe de la population, et la plus nombreuse sans contredit, est celle des naturels du pays, qu'on appelle en général Cabaylès. Elle se subdivise en plusieurs peuplades ou nations diverses, qu'on ne pourrait bien connaître et bien distinguer qu'en voyageant dans les parties du territoire qu'ils habitent, ce qui est impossible dans l'état actuel. Ces Cabaylès sont les serfs, les ilotes d'Alger. Pauvres et opprimés, ils cultivent la terre pour leurs oppresseurs ; ils les servent dans les emplois les plus pénibles et les plus bas. ils tremblent devant eux et les détestent. Ils aspirent même à secouer le joug sous lequel ils gémissent, et il en est parmi eux d'assez braves pour ne pas s'y soumettre. Dans certains quartiers des montagnes pas très éloignées d'Alger, les Turcs n'oseraient paraître sans les plus grandes précautions, et il arrive souvent qu'ils y trouvent la mort.

On ne devrait pourtant pas conclure de là qu'ils fussent disposés à se réunir à nous. Leur fanatisme est aussi absurde que leur ignorance est grossière. Ils ont en horreur le nom de chrétien, nos mœurs et nos usages ; il prendraient les armes en faveur du dey. parce qu'ils croiraient combattre pour leur religion.

Je n'ai pas parlé des juifs. quoi qu'ils soient passablement nombreux dans la ville d'Alger, et plus ou moins répandus dans les provinces. Ils n'ont aucune existence politique et ne peuvent être bons à rien.

CINQUIÈME QUESTION.

Si Alger, étant assiégée, résistait, d'où l'armée pourrait-elle tirer le bois, l'eau, le blé, les viandes dans le voisinage ? Quels sont les villages qui pourraient fournir ? Quel est leur nom ?

RÉPONSE.—J'ai déjà dit qu'une expédition contre Alger devait être très rapide. Si elle languit, elle peut manquer, ou tout au moins entraîner de graves inconvénients, et une des raisons que j'en ai données répond en partie à cette question : c'est la difficulté de se procurer les objets nécessaires au maintien d'une armée. Il y a très peu de villes et villages dans toute l'étendue du pays d'Alger. La population indigène est encore nomade. Les Maures des campagnes habitent sous des tentes. Plusieurs familles réunies forment ce qu'on appelle un *douare*, et ces douares changent de lieu suivant la volonté ou les besoins de ceux qui les composent. Aux environs d'Alger, il n'y a point de village. Des maisons de campagne éparses sur les cotaux qui bordent la mer, des fermes un peu éloignées dans l'intérieur, voilà tout ce qu'on trouve. Le village le plus voisin, appelé Lébide, est à une bonne journée dans les terres. C'est un lieu délicieux, dit-on, et il est extrêmement vanté pour la beauté et la bonté de ses fruits, la pureté de l'air et des eaux, et la fertilité riante du sol.

On trouverait assez facilement des eaux partout, parce que les Musulmans sont soigneux des sources et des fontaines. Auprès du lieu où débarquèrent les Espagnols et dans la plaine en tirant vers Alger, est une fontaine abondante, capable de fournir une eau excellente à toute une armée. On la nomme la Ham. Le premier soin d'un général devrait être de s'en assurer, ou plutôt de la conquérir; car, si l'on descend, ce sera précisément dans cette plaine que campera l'armée du dey.

Le blé et les viandes seront plus difficiles à obtenir à cause de la mauvaise volonté des Maures et de leur timidité. N'y ayant pas, ainsi que je l'ai observé, des villages à portée, les ressources fuient ou se cachent plus aisément, et il y a peu de moyens de remédier à ce mal. L'argent peut beaucoup sur les Maures; le grand point serait de leur inspirer de la confiance, de faire un premier essai : mais pour cela il faudrait des Arabes parlant leur langue, vêtus comme eux, adroits, insinuants et rusés. Peut-être parmi les Mamelucs venus d'Égypte trouve-rait-on des hommes capables de ce genre de négociation. S'il avait une fois du succès, rien ne manquerait à l'armée. Tout le monde sait qu'on trouve facilement du mouton en Barba-rie. Le bœuf y est très médiocre; mais il n'est pas très rare.

Une attention qu'on devrait avoir, et elle est essentielle, c'est de prendre, dans les départe-ments du Var et des Bouches-du-Rhône, des boulangers accoutumés à travailler les blés de Barbarie. Leur qualité est connue dans le com-merce sous le nom de *blé dur*, et la farine qui en provient est une semoule qui exige, pour être convertie en pain, une préparation plus difficile que celle de nos farines ordinaires. Les boulangers provençaux connaissent cette prépa-ration et en ont l'habitude.

Sixième Question.

Y a-t-il des moulins à eau dans les environs d'Alger? Y a-t-il des moulins à vent?

Réponse. — Il n'y a point de moulins à eau aux environs d'Alger. Les moulins dont on se sert principalement sont dans la ville, et c'est par le moyen des chevaux ou des mules qu'ils sont mis en mouvement. Hors de la ville, je ne connais que deux ou trois moulins à vent placés sur la hauteur qui avoisine celle où est situé le château de l'Empereur. Mais si, comme je l'ai dit, on parvenait à inspirer de la confiance aux Maures cultivateurs, ils pourraient apporter de la semoule au lieu de grain. Ils en portent souvent au marché d'Alger, d'où l'on doit conclure qu'ils ont dans l'intérieur des moyens de moudre leur blé.

Y a-t-il du bois, des fascines pour la cuisson des aliments et autres besoins?

Le bois est rare dans les environs d'Alger. Il vient, ainsi que le charbon, et les autres provisions et denrées, ou de la côte de l'est par mer sur des petites barques appelées *sandals*, ou par terre sur des chameaux ou des mules. La navigation des sandals serait nécessairement suspendue par notre apparition. Les caravanes n'arriveraient au camp que par le moyen dont j'ai parlé dans ma réponse à la question précédente. Ainsi le bois ne serait pas fort aisé à se procurer.

Cependant quelque peu boisée que soit la banlieue d'Alger, elle n'est pas dépouillée au point qu'elle ne puisse offrir une première ressource; des arbres épars, des clôtures de jardins dont le fourré est très étonnant, et dans lesquelles on voit des lentisques, des caroubiers et d'autres arbres d'une belle grosseur, seraient sans doute bientôt épuisés, mais serviraient aux premiers besoins. D'ailleurs serait-il impossible que l'armée emmenât avec elle une provision de houille pour parer aux premiers inconvénients.

Une description générale du local à dix-huit lieues à la ronde.

Cette description se trouve à peu près éparse dans le cours de ce mémoire. Pour la rassembler en abrégé et dans un seul point de vue, je dirai que la côte sur laquelle Alger est située est en général élevée. La partie qui est à l'ouest de la ville est montueuse, et le pied de la montagne s'appuie à la mer. Du côté oriental, une belle plaine demi-circulaire est couronnée par un coteau médiocrement élevé et d'un aspect délicieux. La grève au bord de la mer est un sable pur. Le coteau, en s'abaissant à l'est, est terminé par une vallée où coule une petite rivière qu'on appelle Larache. Au-delà de cette vallée, une branche de l'Atlas court

nord et sud, et sa pointe vient s'abaisser au
bord de la mer, au-delà du cap Matifou. Le terrain au sud et au sud-est d'Alger est en général
montueux, coupé de gorges et de ravins. Au
sud, en se dirigeant sur le village de Labebde,
est un chemin passable pour le pays. Il passe au
pied du château de l'Empereur, et en se prolongeant au-delà, il traverse un plateau assez
uni qui aboutit dans l'intérieur à des plaines
d'une vaste étendue, très belles, m'a-t-on dit,
mais entièrement incultes.

Dans tous les environs d'Alger, les chemins
ne sont que des sentiers assez souvent resser-
rés entre deux haies ou clôtures d'un fourré
extrêmement épais, comme je l'ai observé. Ces
clôtures sont très propres pour des embusca-
des, et comme elles sont très multipliées, il
serait nécessaire de s'en méfier. Peut-être ce
motif militaire, joint au besoin que l'armée aurait de bois à brûler, suffirait-il pour les faire
abattre. On ne devrait pas moins se méfier des
bordures de ce figuier épineux connu sous le
nom de Raquette ou figuier de Barbarie. Celles
qui sont faites avec de l'aloès seraient plus dan-
gereuses encore. Si, à raison de leur élévation
médiocre, la cavalerie française, ne les con-
naissant pas, voulait essayer de les franchir,

elle trouverait dans les pointes aiguës et dures des feuilles de cette plante, des chevaux de frise très redoutables. On ne peut pas essayer de pénétrer sur les hauteurs, sans faire avec soin éclairer sa marche, et peut-être sans découvrir le chemin devant soi. Les Algériens ne tiendront pas en bataille devant les Français, dès que ceux-ci seront débarqués. Mais la coupe de leur pays prête beaucoup à la ruse, et l'on sait que leur esprit ne s'y refuse pas. A ces observations près, le pays n'offre rien qui soit digne d'une remarque particulière.

. Si l'on était une fois parvenu à s'emparer d'Alger, toute la Régence serait soumise, et l'on serait maître de garder le pays ou de l'abandonner.

SEPTIÈME QUESTION.

Si, au lieu d'attaquer Alger, on voulait seulement faire le plus de mal possible au dey, si on voulait ravager quelqu'une de ses provinces, détruire quelques-unes de ses villes ou de ses magasins, en même temps qu'on lui ferait par mer une guerre à outrance, quelle serait l'expédition secondaire qu'on pourrait entreprendre?

RÉPONSE. — J'ai dit qu'une guerre purement

maritime contre le dey peut être fort désa-
gréable pour nous, et n'est presque d'aucune
conséquence pour lui. Les Algériens ont des
corsaires, mais n'ont pas une marine. Quand
on les prendrait tous, qu'en résulterait-il? Une
sûreté momentanée pour notre commerce.
Quelques misérables corsaires sont bientôt re-
bâtis, surtout chez un peuple à qui les matériaux et les munitions ne coûtent rien, et qui
trouve, dans la servile dépendance des puissances de l'Europe et de l'Amérique, de quoi
remplacer abondamment les pertes qu'ils font
en ce genre. L'arsenal d'Alger est constamment,
par proportion des travaux qu'on y exécute,
l'arsenal maritime le mieux approvisionné. Les
États-Unis n'ont-ils pas de mon temps fait présent à la Régence d'une frégate et d'une goëlette armées. La France, elle-même, avant la révolution, n'a-t-elle pas eu la faiblesse de lui
faire construire *la Seine*, une belle corvette de
22 canons, pour remplacer un mauvais chebec
qui était venu échouer sur nos côtes, poursuivi
par des Napolitains? Jusqu'à quand durera cet
avilissement? jusqu'à ce que le Premier Consul délivre le gouvernement de ces honteux
tributs.

L'idée d'une expédition secondaire qui aurait

pour objet de ravager quelqu'une des provinces
du dey, ne me paraît ni exécutable ni utile.
Pour le sentir, il ne faut que se rappeler la division territoriale de la Régence et la position
ainsi que les ressources de ses provinces. Elles
sont au nombre de quatre, savoir : Alger, admi-
nistrée directement par le dey lui-même ; Constantine, Titery et Oran qui ont leurs beys particuliers. En ravageant les trois dernières, on
ne ferait aucun mal au dey, parce que leurs
gouverneurs ne sont que ses fermiers qui, quoi
qu'il arrive, n'en seront pas moins tenus d'ac-
quitter envers lui le prix de leur bail. Il rira de
votre détermination et trouvera votre politique
insensée : car c'est ainsi que raisonnent ces
hommes qui comptent le pouvoir et la fortune
pour tout et les hommes pour rien. Si c'est la
province d'Alger que vous voulez ravager, il
faut attaquer Alger même, et vous rentrez dans
l'expédition que vous voulez éviter.

Des magasins ! le dey n'en a pas, ou du moins
il n'en a pas d'autres que ceux de son arsenal.
Les blés même, qui tous les ans sont rassemblés à Alger, pour l'approvisionnement de cette
ville, sont tout bonnement déposés par terre
sur des nattes, hors la porte de la marine, et y
demeurent toute l'année jusqu'à consommation
male, recouverts par d'autres nattes.

La province de Constantine, l'une des plus importantes de la Régence, n'a sur le bord de la mer, que vous puissiez attaquer, que la petite ville de Boune, où vous avez un établissement. Le village du Colo, où vous avez aussi un établissement; enfin, la Cale, qui est le chef-lieu de vos établissements. Bougie n'est plus rien depuis que les Anglais y brûlèrent la marine algérienne, et forcèrent par là le dey à transporter son arsenal à Alger. Constantine est à 50 ou 60 lieues dans l'intérieur, et pour l'aller ravager, il faudrait conquérir tout l'espace qui la sépare de la mer, expédition beaucoup plus difficile que la conquête d'Alger. Vous ne pourriez donc faire du mal, non au dey, mais au bey, sur toute cette partie de côte, sans vous en faire à vous-mêmes; et le mal même que vous feriez au bey ne serait pas considérable, car tous ces endroits sont fort peu importants et surtout pauvres.

La province de Titery est la plus pauvre des quatre. En détruisant la ville, on ne détruit rien, et pour pénétrer dans l'intérieur et ravager les campagnes, on trouve un pays âpre, difficile et sauvage. Le débarquement, sur cette partie de la côte, est d'ailleurs impossible pour une armée même peu nombreuse. Les navires marchands qui vont y prendre du blé, se hâtent autant qu'ils le peuvent d'effectuer leur chargement, et si le moindre coup de vent les surprend, ils ne connaissent d'autres ressources que de mouiller toutes leurs ancres, d'abandonner ensuite de bonne heure leur bâtiment, et d'aller à terre attendre la fin du mauvais temps.

A l'ouest d'Alger, avant d'entrer dans la province d'Oran, vous trouvez sur votre route le bourg de Serchel, habité par des forgerons et maréchaux-ferrants.

La province d'Oran elle-même n'a sur le bord de la mer que la seule ville d'Oran, que les Espagnols avaient très bien fortifiée, dont les fortifications ont été en partie détruites par un tremblement de terre, mais qui en conserve assez pour vous obliger à un siége avant de pénétrer à Mascara, qui n'est qu'un bourg, et à Tremecan, l'ancienne Trémizène, qui depuis qu'elle a passé de l'empire de Maroc sous celui d'Alger, ne conserva de son éclat que l'avantage d'un sol riant et d'une nature fraîche et féconde.

Si l'on veut punir la Régence, il faut la frapper droit au cœur. Le Premier Consul ne peut rien faire qui ne soit digne de lui, et j'ajoute, car cette expression ne lui déplaira pas, digne de la nation dont il est le premier magistrat. Tous les peuples ne sont-ils pas fatigués de l'insolence des Algériens? Il a donc à venger la cause de tous les peuples, celle du commerce, celle surtout de l'humanité. Tous les vœux seront pour lui, et il aura, pour le succès de sa généreuse entreprise, son génie, la sagesse de ses mesures, et le courage de nos marins et de nos soldats.

HUITIÈME QUESTION.

Quel est le caractère du dey actuel?

RÉPONSE. — Hassan Pacha, oncle et prédécesseur du dey actuel, vivait encore quand j'ai quitté Alger; mais il mourut peu de jours après. Mustapha, désigné dès lors pour son successeur, était ministre du trésor, ou premier ministre. La réputation dont il jouissait, même parmi les Turcs, était celle d'un homme profondément stupide, opiniâtre et cruel; probablement ces vices se seront renforcés en lui par son élévation même; et je suis d'autant plus porté à le croire, que j'ai appris qu'il y avait eu des conspirations contre sa vie. Si elles ont échoué, c'est sans doute parce que les ministres qui occupent les principales places, sont les mêmes qui les occupaient sous l'ancien dey, et qu'ils les ont conservées par suite d'un arrangement qu'il avait pris avant sa mort, et dont l'effet naturel devait être de les attacher à la personne et à la fortune de son neveu.

Et des hommes qui l'entourent et le mènent?

Ces ministres ont nécessairement une grande influence, surtout l'aga, ou général de la milice, devenu premier ministre après la mort de Hassan. Celui-ci est maîtrisé par des hommes bien méprisables, dont le gouvernement français a fait la fortune, et qui travaillent avec une astuce et une persévérance incroyable à détruire jusqu'au nom français en Barbarie. Ce sont les juifs *Bacri* et *Busnah*. Leur fortune a commencé sous le dey Hassan. Devenus riches par les libéralités de ce prince, ils ont étendu leurs vues commerciales, et ils ont jeté un coup d'œil de convoitise sur nos établissements de Bone et de la Calle, dont l'usurpation mettrait à leur disposition tout le commerce de la compagnie d'Afrique. La révolution sans doute leur fit concevoir ce plan, et leur donna les moyens d'en tenter l'exécution. La compagnie, transfor-

mée en agence, ne pouvait faire passer que difficilement des fonds pour le paiement de ses
achats. Ils offrirent au dey d'acheter, de payer
comptant, de faire même des avances. On le
leur permit, mais avec des réserves gênantes;
l'agence, acquittant très exactement les redevances portées par les traités, ne pouvait pas être
dépouillée des priviléges dont ces redevances
étaient le prix. Impatients d'arriver à leur but,
et voulant rompre les entraves qui les rete-
naient, ils se firent par cupidité les ennemis de
la France. Tandis qu'ils s'établissaient chez elle
et fondaient un comptoir à Marseille; tandis
qu'ils lui vendaient des blés, qu'ils flattaient le
gouvernement, qu'ils salariaient des subal-
ternes pour se faire des amis, et acheter jusques
dans les bureaux le secret de la correspondance
de l'agent de la république en Barbarie, ils se
réunissaient à Alger à ceux qui prêchaient la
croisade contre la France. Ils sollicitaient le dey
de déclarer la guerre, ils faisaient persécuter
les négociants français, ils poussaient le dey à
renvoyer les prises faites par nos corsaires qui
relâchaient dans ses ports. Si le Premier Consul
veut connaître ces hommes perfides, qui jouent
encore en ce moment à Paris et à Marseille un
rôle bien extraordinaire aux yeux de ceux qui

connaissent la Barbarie, qu'il ordonne aux relations extérieures de mettre sous ses yeux une
analyse exacte des faits énoncés dans ma correspondance de ce temps-là; qu'il fasse inter-
roger les négociants de Marseille intéressés au
commerce d'Afrique, et il se convaincra de
l'influence dangereuse que ces Israélites exer-
cent sur le dey.

Dès lors il les remettra à leur véritable place,
il leur ôtera en France cette confiance usurpée
dont ils abusèrent et dont ils abuseront encore;
à Alger, cette influence politique qui les a
transformés en une véritable puissance, devant
laquelle ne rougissent pas de s'humilier lâ-
chement tous les envoyés des gouvernements
étrangers.

Il fera plus; si la guerre éclate contre Alger,
les juifs conseillers du dey doivent pour leur
part en porter la peine et être responsables du
mal qui a été fait par le passé, et qui pourra
l'être à l'avenir aux Français par les Algériens. Si l'on se saisit de la personne de ceux
de leur famille qui sont en France; si on met
le séquestre sur leurs navires, leurs maisons,
leurs magasins à Marseille, on verra changer le
ton et les prétentions du dey. Mais surtout, citoyen ministre, dans l'hypothèse d'une guerre,

et quand nos bâtiments marchands seront exposés aux insultes des corsaires barbaresques, ou devront être protégés par nous pour s'en garantir, qu'on ne souffre pas que les navires et les cargaisons des marchands juifs d'Alger échappent à nos croiseurs. Ils se déguisent sous tous les pavillons possibles; mais quand le gouvernement le permettra, l'œil de nos officiers saura bien les démêler à travers tous ces déguisements. Les lois de la guerre sont des lois de réciprocité, et quand le Français est exposé à être pris, pourquoi l'Algérien ne le serait-il pas?

Quelle idée a-t-il de la puissance française?

Mustapha est, je crois, trop ignorant pour croire à une autre puissance qu'à la sienne. Hassan avait d'autres idées, et il ne voulut jamais céder aux insinuations des juifs qui voulaient le brouiller avec la France. Il répondit constamment: «La France a maintenant beaucoup d'ennemis, sa marine est faible, mais elle fera la paix avec les autres puissances d'Europe, elle reprendra ses forces, et alors qui me garantira de ses vengeances?» En général, le peuple algérien préfère les Français à tous les autres peuples, et il les craint. Il y a même une tradition répandue

dans le pays qui dit que les Français s'empare-
ront un jour d'Alger. L'effroi du bombardement de Duquesne n'y était pas encore entièrement dissipé de mon temps; mais la guerre de
Turquie et l'évacuation de l'Égypte peuvent
avoir modifié ou affaibli ce sentiment nouveau.

*Jusqu'à quel point la menace d'une déclaration de
guerre de notre part peut-elle l'affecter?*

J'ai lieu de croire qu'elle l'affectera peu, car de
quoi s'affectent les sots? Mais je répète que si
on le menaçait d'une déclaration de guerre, et
que cette déclaration fût accompagnée de l'ar-
restation et du séquestre au moins provisoire,
et jusqu'à réponse décisive, des juifs algériens et
de leurs propriétés en France, la politique de
la Régence changerait. Les vexations dont se
plaint la France sont commandées par le dey.
Mais la dispute au fond n'est pas entre nous et
lui. Elle est entre les juifs et le gouvernement
français, et il s'agit de savoir à qui d'eux ou de
la compagnie d'Afrique demeurera le commerce
de Barbarie stipulé par nos traités avec le dey.

J'ai répondu de mon mieux, citoyen ministre, à toutes les questions que vous m'avez fait
l'honneur de m'adresser. Si j'avais eu plus de

temps et moins d'occupations , j'aurais revu
mon travail. Mais ne pouvant, à raison de la dis-
crétion sévère que vous me prescrivez, le faire
copier par une autre main, je suis réduit à vous
en envoyer la minute. Je réclame votre indulgence. Je vous prie de m'obtenir celle du Premier Consul. J'aurais voulu pouvoir répondre
parfaitement à ses vues, et si je ne l'ai pas fait,
il ne m'a manqué pour cela ni zèle ni bonne volonté. Entrer dans les vues d'utilité et de gloire
qui l'animent, c'est une si belle tâche pour le
fonctionnaire!

J'ai l'honneur de vous saluer.

Jean-Bon-Saint-André.

Bayonne, 18 avril 1808.

Monsieur Decrès, *la Baleine* doit rentrer à Toulon. Elle peut vendre avant son départ toutes les munitions de bouche qu'elle portait, mais il faut qu'elle ramène à Toulon toutes ses munitions de guerre. J'ai reçu le rapport de l'amiral Ganteaume. Témoignez-lui ma satisfaction, et faites-lui connaître que je l'ai nommé inspecteur-général de la marine. Les résultats de son expédition est que Corfou a aujourd'hui 10,000 hommes de garnison, 30 milliers de poudre, 2 millions de cartouche, et des vivres pour deux ans. Faites une lettre très détaillée au contre-amiral Cosmao ([1]), pour lui témoigner mon mécontentement. Votre raisonnement portera sur la mauvaise interprétation qu'il a donnée à ses instructions, puisqu'il est entré à Tarente sans y être forcé par une escadre supérieure; qu'il devait donc leur donner une interprétation favorable, et débloquer Corfou ; que j'ai

([1]) L'amiral Cosmao Kerjulien, contre-amiral, mort en février 1816.

trouvé dans cette conduite peu d'habileté ; que l'amiral Ganteaume lui avait tout dit en le prévenant que le but de l'expédition était de débloquer Corfou. Je suppose que toutes mes frégates et bricks sont arrivés à Toulon. Ganteaume ne me dit pas s'il a trouvé à Corfou des bricks italiens, et ce qu'il en a fait. Je désire savoir si j'ai perdu quelques bâtiments dans cette expédition.

Je n'ai pas besoin de vous dire que mon escadre doit être promptement remise en bon état. Vous témoignerez ma satisfaction à tous les équipages, et vous me ferez connaître quels sont les officiers qui se sont particulièrement distingués. Sans cette expédition, qu'ils ont si bien exécutée, Corfou ne pouvait pas tenir. Aujourd'hui cette île est imprenable. Vous enverrez la lettre ci-jointe à l'amiral Ganteaume.

Sur ce, etc.

NAPOLÉON.

Bayonne (sans date au dossier).

Monsieur Decrès, il y dans la rade du Ferrol
2 vaisseaux de 74 et 2 frégates en état de partir. Je
viens d'ordonner qu'un vaisseau de 112 et 1 de 74,
qui sont à radouber, soient également mis en rade.
Ces 6 bâtiments de guerre doivent porter 3,000
hommes à Buénos-Aires. Si toutefois ils ne peuvent sortir, ils obligeront es Anglais à tenir
devant le Ferrol une flotte pour bloquer ces
vaisseaux. Les Espagnols ont en rade de Cadix
6 vaisseaux. Je viens de prendre des mesures
pour qu'avant le mois de septembre il y en ait
11. Deux vaisseaux sont déjà radoubés et vont
porter l'escadre espagnole à 8 vaisseaux. Carthagène a 1 vaisseau de 112 canons radoubé, et prêt
à entrer en armement. Je viens d'ordonner qu'il
entre en rade, et que 2 autres vaisseaux soient
radoubés. Je compte avoir dans ce port 3 vaisseaux et 4 frégates dans le courant de l'été.
L'escadre de Mahon a reçu ordre de se rendre à
Toulon. J'espère donc avoir, avant la fin d'août,

7 vaisseaux français à Cadix. J'ai envoyé les marins de ma garde, et au moment de leur arrivée, je désignerai 2 vaisseaux espagnols. J'espère y avoir 11 vaisseaux espagnols, ce qui fera 18 vaisseaux de guerre, approvisionnés et armés, prêts à recevoir 25,000 Français qui sont à Cadix, destinés à s'embarquer à bord ; ce qui sera un vif sujet d'alarme pour l'Angleterre, et l'obligera à tenir devant ce port plus de 20 vaisseaux. J'aurai à Carthagène 3 vaisseaux qui se joindront à l'escadre de Toulon, si l'ennemi ne les bloque pas ; 4 au Ferrol avec des troupes embarquées ou prêtes à s'embarquer ; 3 vaisseaux français et 9 vaisseaux réunis à Lisbonne que l'ennemi sera également obligé de débloquer, parce que j'y ferai des préparatifs d'embarquement. Il faudra donc aux Anglais 4 vaisseaux devant le Ferrol, 12 devant Lisbonne, 20 devant Cadix, ce qui fera 36 vaisseaux pour l'Espagne. J'aurai à Toulon 14 vaisseaux français, 2 russes et 6 espagnols, ce qui fera 22 vaisseaux, qui, avec les préparatifs d'embarquement que je ferai, obligeront les Anglais à tenir devant 22 à 24 vaisseaux. J'en aurai 4 à Rochefort, 3 à Lorient, 7 à Brest, 10 à Flessingue, tous en situation de départ. Il faudra donc aux Anglais, pour bloquer les quatre ports, 24 vaisseaux, ce qui

fera 48 vaisseaux contre la France, et 36 contre l'Espagne, c'est-à-dire 84 vaisseaux. Il leur en faut actuellement 8 contre la Hollande, 10 dans la Baltique. Ce serait donc 100 vaisseaux que le blocus leur emploierait. Restent actuellement les Indes, les Amériques, les escortes de convois, la Sicile, Constantinople. Vous voyez que la position de l'Angleterre deviendra embarrassante. C'est en vain que l'on dirait que l'Espagne manque de tout. Elle ne manque que d'argent, mais elle a des moyens d'en avoir, et avec de l'argent, elle trouvera des matelots, des voiles, du chanvre, des fers ; tout cela existe en Espagne. Je commence déjà à voir que les choses vont se ressentir de la nouvelle direction. Il y a des matelots auxquels il est dû vingt mois, d'autres neuf. Je viens de faire envoyer de l'argent dans les ports. Ainsi il n'y a pas de doute qu'au 15 septembre l'Espagne pourra fournir plus que je ne dis là ; 4 vaisseaux vont être mis sur le chantier à Carthagène.

Sur ce, etc.

NAPOLÉON.

Bayonne, 11 mai 1808.

Monsieur Decrès, aucune communication ne doit avoir lieu avec la Sardaigne. Tout bâtiment qui en viendrait doit être mis sous le séquestre. Ce prince (¹) vient de renouveler des traités avec l'Angleterre, et un ministre de cette puissance vient d'arriver à Cagliari.

Sur ce, etc.

NAPOLÉON.

____

(¹) Le roi de Sardaigne.

MONSIEUR DECRÈS, je suis décidé à porter tous
les établissements maritimes militaires de Gênes
à la Spezzia. J'ai été retenu jusqu'à cette heure
par la seule considération que le sort de la Toscane
était indécis. Mais, résolu à réunir la Toscane à
mon empire, je ne vois plus d'inconvénient à
réaliser mon projet. Les bois de l'Apennin et
les ressources de Livourne arriveront à la Spezzia. Donnez donc tous les ordres nécessaires
pour y établir un chantier de construction
pour 3 vaisseaux de 74 et 2 frégates à la fois. Je
viens de prendre toutes les dispositions militaires pour qu'il y ait toujours là une forte garnison. La mise sur les chantiers des vaisseaux
et des frégates doit être faite sans délai, et mon
intention est qu'avant le 1er juillet 1 vaisseau
soit commencé. Présentez des projets de décret
pour transférer tous les établissements militaires du port de Gênes à la Spezzia, et pour organiser les travaux de l'arsenal sur un bon plan,

en y faisant progressivement tout ce qui est nécessaire. Il y a à la Spezzia un lazaret, je désirerais fort qu'on pût le convertir en arsenal.
On dit qu'il est très beau; cela économiserait
beaucoup de temps et épargnerait des dépenses
énormes. On m'assure que les forts sont en
très bon état, et que les cales ne coûteraient
rien à établir, parce que le terrain ne manque
pas.

Sur ce, etc.

NAPOLÉON.

Bayonne, 11 mai 1808.

Monsieur Decrès, je désire que vous fassiez armer à Lisbonne 3 vaisseaux, *le Vasco-di-Gama*, *la Maria-primeira*, que j'appellerai *la Ville de Lisbonne*, et *le Saint-Sébastien*, que j'appellerai *le Brésil* ; qu'il soit armé 3 frégates, *la Carlotta*, *le Phénix* et *l'Amazone* ; et 3 corvettes, *l'Anderina*, *le Berzanin* et *le Sævola* ; que l'on mette en réparation *le Prince de Beyra*, que l'on achève le vaisseau en construction, qui s'appellera *le Portugais*. Ces 9 bâtiments en armement auront les trois quarts de leurs officiers français, les deux tiers de leurs mestrances, et le tiers de leurs matelots. Il sera mis à bord de chaque vaisseau de ligne une garnison de 150 hommes français et non auxiliaires, à bord de chaque frégate 60 hommes français, et à bord de chaque corvette 20 hommes aussi français ; chaque vaisseau de ligne aura de plus à bord 60 canonniers de marine français, chaque frégate 30, et chaque corvette ou brick 10, ce qui fera un total de 300 canonniers.

Je pense que vous avez déjà envoyé ce nombre de canonniers à Lisbonne. Il serait convenable que vous y en fissiez passer un nouveau détachement. L'escadre russe est composée de 9 vaisseaux. L'amiral m'a déjà écrit plusieurs fois, et montre la meilleure volonté d'agir. Si je parviens à mettre les 3 vaisseaux portugais en rade, j'aurai là une belle escadre de 12 vaisseaux. Envoyez donc à Lisbonne des officiers de marine, des mestrances et des canonniers. Il peut entrer dans mes combinaisons que cette escadre se réunisse avec une des miennes; alors mon intention serait que les équipages des frégates françaises fussent échangés avec ceux des 3 vaisseaux portugais, ou bien avec une partie de mestrance et une bonne garnison française; je pourrai les faire sortir à l'équinoxe, et les faire venir dans un de mes ports de France. Il faut que ces vaisseaux soient approvisionnés pour 6 mois de vivres, hormis le pain, dont il ne leur serait donné qu'un mois; et ils seraient complétés de leurs 6 mois de pain après la récolte.

Sur ce, etc.   NAPOLÉON.

Bayonne; 13 mai 1808.

Monsieur Decrès, je désire que vous me répondiez sur les questions suivantes. Pensez-vous que je puisse avoir à Toulon, au 1ᵉʳ sept., 3 vaisseaux à 3 ponts portant 2,400 hommes; 2 vaisseaux de 80 portant 1,400 hommes; 7 frégates portant 2,100 hommes; 10 corvettes ou bricks portant 1,000 hommes; 20 chebecs, demi - chebecs, lougres, tartanes, avisos, portant 1,000 hommes; total 50 bâtiments de guerre et portant 12,000 hommes et 100 chevaux, à raison de 2 chevaux par bâtiment? Flotte de transport: 1 vaisseau de 64, 1 frégate et 4 flûtes de 450 à 600 tonneaux, portant 400 hommes et 100 chevaux; 30 transports de 150 à 300 tonneaux portant 3,000 hommes et 750 chevaux. Total 19,000 hommes et 900 chevaux portés sur 86 bâtiments approvisionnés pour deux mois et demi d'eau pour tout le monde, même les passagers, et pour quatre mois de vivres? Quelles sont les mesures à prendre pour arriver à ce résultat?

Vous remarquerez que j'ai mis 800 hommes pour un vaisseau à 3 ponts, parce qu'on peut mettre 100 hommes d'équipage de moins. Ces 100 hommes pourront être rendus par la flotte de transport. Pourrais-je également avoir à Lorient 3 vaisseaux de 74, 6 frégates, 4 corvettes ou bricks, et 7 flûtes; en tout 20 bâtiments, portant, les 3 vaisseaux 1,200 hommes, les 6 frégates 1,200, les 4 bricks ou corvettes 400 hommes, les 7 flûtes ou gabares 1,800 hommes; total 4,600, avec trois mois d'eau pour les équipages et les passagers, réduisant l'équipage autant que cela peut se faire, et ayant des vivres pour six mois, ration complète, et deux mois en sus en farine? Les 2 belles flûtes neuves que vous avez à Nantes peuvent être armées d'ici à ce temps-là et envoyées à Lorient.

L'expédition de Brest serait ainsi composée : 1 vaisseau de 118 canons, portant 1,125 hommes, dont 525 marins et 600 soldats; 1 de 80, portant 1,050 hommes, dont 500 marins et 550 soldats; 4 de 74, portant 1,000 hommes, dont 450 marins et 550 soldats. Total 3,350 hommes. 4 frégates, portant 500 hommes, dont 300 soldats et 200 marins; 4 corvettes, portant 60 marins et 120 soldats. Total 680 hommes. 1 flûte de 118 canons, lestée de manière à avoir de l'eau pour 1,400 hommes pour trois mois, dont 500 matelots et 900 soldats ; 4 vaisseaux flûtes de 74, portant 1,200 hommes, dont 400 matelots et 800 soldats. Total 9,100 hommes. Enfin, 10 flûtes, faisant l'un portant l'autre 3,000 tonneaux, et disposées de manière à porter 3,000 hommes. Total 29 à 30 bâtiments et 12,100 hommes, ayant de l'eau pour trois mois, des rations complètes pour six mois, de la farine et du biscuit pour deux.

De ces deux dernières expéditions, celle de Lorient partirait la première au commencement d'octobre, arriverait à l'Ile-de-France, y porterait 4,500 hommes de renfort, et 500 tonneaux de mer, c'est-à dire 10,000 quintaux de farine, avec lesquels on ferait sur-le-champ à l'Ile-de-France 1,800,000 rations, c'est-à-dire des rations pour 1,800 hommes pendant cent jours. Si cette expédition seule arrive, elle mettra l'Ile-de-France à l'abri de toute attaque. Les vaisseaux et frégates même croiseront et feront du mal à l'ennemi. L'expédition de Lorient partie, celle de Brest partira, et alors j'aurai à l'Ile-de-France 9 vaisseaux de guerre et 15,000 hommes qui, avec 3,000 hommes qui pourraient les joindre, feraient une division de 18,000 hommes dans les Indes Au même moment, j'enverrai mon escadre de Toulon prendre 20,000 hommes dans le golfe de Tarente pour les porter en Égypte. Le concours de ces opérations portera l'épouvante à Londres. Une seule, celle de l'Inde, y fera un horrible mal. L'Angleterre alors n'aura aucun moyen de nous inquiéter, ni d'inquiéter l'Amérique. Je suis résolu à cette expédition. Les 5 vaisseaux armés en flûtes, et même 1 ou 2 des 6 armés en guerre qui partiraient de Brest, resteraient à l'Ile-de-France; leur grément servirait à équiper les autres vaisseaux. Il y aurait alors plus de matelots qu'il ne faut pour équiper ces 5 vaisseaux, qui, réunis à ceux de Lorient, formeraient une escadre de 8 vaisseaux qui s'en reviendraient par Rio de la Plata ou par toute autre croisière. Je vous prie de me faire le calcul exact de ces expéditions, comme je l'avais fait il y a deux ans. Vous avez dû mettre les flûtes de Brest dans le bassin, pour les réparer. Faites tout ce qui est possible pour que la frégate de Saint-Malo augmente à Brest l'expédition. La frégate *le Niémen*, qui est à Bordeaux, celles qui sont au Havre et à Cherbourg, chargées de quelques centaines de tonneaux de vivres, quelques autres bonnes frégates escortant

1 ou 2 flûtes bonnes marcheuses essaieront également de se rendre à l'Ile-de-France.

Il n'y a aucune espèce de doute qu'il ne faille donner l'ordre aux 2 vaisseaux douteux qui sont en rade de Brest de rentrer dans le bassin, car il serait bien avantageux d'avoir 7 vaisseaux armés en guerre au lieu de 6.

Dans tous ces calculs, je ne fais entrer pour rien l'Espagne; mais l'Espagne sera tellement organisée avant ce temps, que mon expédition de Toulon en sera augmentée de plusieurs vaisseaux, ce qui permettra de porter l'expédition à 24,000 hommes; que l'escadre de Cadix attirera davantage la sollicitude des Anglais, et que plusieurs flûtes chargées de farine pourront être expédiées du Ferrol et d'autres ports d'Espagne.

Je vous ai écrit pour que 3 vaisseaux soient mis en état à Lisbonne, parce que je désire leur donner l'ordre de se rendre à Toulon. Cependant alors mon armée sera considérable à Boulogne, et la flotte de Flessingue et la flottille de Boulogne menaceront l'Irlande. Il n'y a point de doute alors que l'Angleterre se croira menacée dans son intérieur ou en Irlande, et n'aura point de soupçon que ces grandes expéditions sont destinées pour les Indes. Donnez d'abord

tous les ordres, comme si cette lettre, au lieu
d'être un mémoire, était un ordre définitif. Ensuite vous me ferez un mémoire raisonné, non
pour accroître les difficultés, mais pour les ré-
soudre. Là, j'ai tout le temps, et toutes les difficultés doivent être levées, en correspondant
souvent avec Brest, et en partageant ma volonté
qui est forte. Il doit y avoir à Morlaix de gros
transports danois, américains ou autres qui
pourraient être utiles. D'ailleurs, l'expédition de
Lorient peut être faite de manière à porter plus
de 4,500 hommes, surtout en renonçant à 2 ou
3 vieilles frégates qu'on laisserait là-bas.

Sur ce, etc.

NAPOLÉON.

PIÈCES ET DOCUMENTS.

PIÈCES ET DOCUMENTS.

N° 1.

Voir la lettre du 2 juillet 1804, page 8.

ÉTAT DES CHALOUPES CANONNIÈRES, BATEAUX CANONNIERS, PÉNICHES, ETC., ETC., SE TROUVANT DANS LES PORTS D'ÉTAPLES, BOULOGNE, VIMEREUX, AMBLETEUSE ET CALAIS.

Chaloupes canonnières.

1 chaloupe canonnière aura 28 hommes de garnison, 300 chaloupes canonnières emploieront donc pour leur garnison 8,400 hommes ; chacune portera un nombre égal de passagers.

Ainsi, chaque chaloupe canonnière portant 56 hommes, tant de garnison que passagers, 300 chaloupes canonnières porteront en tout 16,800 hommes.

Bateaux canonniers.

1 bateau canonnier aura 25 hommes de garnison.

400 bateaux canonniers emploieront donc pour leur garnison 10,000 hommes.

Chacun portera 50 passagers, ce qui fera pour 400 bateaux canonniers 20,000 hommes.

Ainsi, chaque bateau canonnier portant 75 hommes, tant de garnison que passagers, 400 bateaux canonniers porteront en tout 30,000 hommes.

Péniches.

Il y aura 700 péniches, dont 300 attachées aux chaloupes canonnières, et 400 aux bateaux canonniers.

Chaque péniche aura 34 hommes de garnison, ce qui fera pour 700 péniches 24,000 hommes.

On pourra mettre de plus sur chaque péniche 20 hommes comme passagers, ce qui fera pour 700 péniches 14,000 hommes.

Ainsi, une chaloupe canonnière ayant 56 hommes de troupe et une péniche 54, chaque chaloupe canonnière, avec sa péniche, formera un total de 110 hommes qui se diviseront de la manière suivante.

1 capitaine.
1 lieutenant.
1 sous-lieutenant.
87 sous-officiers ou soldats de compagnie.
10 canonniers.
5 charretiers.
5 non combattants.

———

110

Cette composition produirait 3,000 canonniers, 1,500 charretiers et 1,500 non combattants.

S'il arrivait que la péniche ne pût pas suivre
la chaloupe canonnière, il faudrait verser tous
les hommes sur cette dernière, qui se trouverait
porter 110 hommes de l'armée, et 5 hommes
de l'équipage.

Si la chaloupe canonnière venait à couler bas,
ou à ne pouvoir pas marcher, on verserait tous
les hommes tant sur la péniche que sur une des
demi-péniches de St-Malo, qui seront l'une et
l'autre attachées à la chaloupe canonnière. La
péniche et la demi-péniche se trouveront porter
ensemble 110 hommes de l'armée, 42 hommes
de l'équipage de la chaloupe canonnière, 5
hommes de l'équipage de la péniche; total, 157
hommes.

Les bateaux canonniers porteront 75 hommes, et leur péniche 34; total 109 hommes,
plus 20 passagers; ce qui portera le total à 129
hommes. On les organisera comme les chaloupes canonnières, avec cette seule différence
qu'on y mettra 19 dragons.

Bâtiments de la grande espèce.

Il y aura 60 bâtiments de la grande espèce, portant, chacun , 1° 28 hommes de garnison ; 2° 50 hommes de troupes à cheval ; total , 78 hommes.

Ainsi, ces bâtiments porteront en tout 4,680 hommes ; de plus, chacun 50 chevaux ; ce qui donne un total de 3,000 chevaux.

Chaque chaloupe canonnière et chaque bateau canonnier porteront chacun deux chevaux, ce qui fera un total de 1,400 chevaux ; ce qui, avec les bateaux de la grande espèce, donnera un total général de 4,400 chevaux.

Récapitulation.

Chaloupes canonnières. 16,800
Bateaux canonniers. 30,000
Péniches 38,000
Bateaux de la grande espèce. 4,680
                                      ———————
                                      89,480

Ce nombre d'hommes formera au moins 700 compagnies, ou 78 bataillons, ou 39 régiments.

Ainsi l'armée sera distribuée de la manière suivante :

39 régiments sur les chaloupes canonnières ou bateaux canonniers.

Nota. Lorsqu'on dit une chaloupe canonnière ou un bateau canonnier, on entend chacun de ces bateaux avec sa péniche.

3.000 canonniers sur les chaloupes canonnières.

1,500 charretiers sur les chaloupes canonnières.

3,000 non combattants sur les chaloupes canonnières et bateaux canonniers.

Nota. Au lieu de 10 hommes d'artillerie portés dans les chaloupes canonnières, on pourra mettre 10 hommes de cavalerie ou d'autres troupes.

8,000 dragons ou hommes de cavalerie sur les bateaux canonniers.

4,000 hommes de cavalerie sur les bateaux de la grande espèce.

Il y aura de plus 50 caïques portant chacune 20 hommes; ce qui fait 1,000 hommes.

Récapitulation des troupes.

39 régiments d'infanterie à 1,620

    hommes 64,000

Artillerie 3,000

Charretiers 3,000

Cavalerie 16,000

Non combattants. 3,000

                Total. . . . 89,000

Il y aura de plus en équipages. . . . 21,000

Bateaux de pêche.

En ajoutant 400 bateaux de pêche, armés de pièces de 18 et de 12, tels qu'on les prépare à Ostende, lesquels porteront, outre les bagages et les approvisionnements, chacun 30 hommes de garnison ou de passage, on aura encore 12,000 hommes.

Il n'y aura aucune difficulté sur le bateau de la grande espèce qui est à Dunkerque, et dont on demande la garnison. Ces sortes de bâtiments sont tellement forts, et sont assez peu nombreux, pour qu'il soit facile de se reconnaître, en donnant à chacun d'eux un nom particulier. Ils doivent porter le nom des cinquante principales villes de France.

Les chaloupes canonnières et les bateaux canonniers peuvent conserver le nom qu'ils portent, mais ils doivent être soumis à un numérotage général.

Chaloupes canonnières.

Les 4 chaloupes canonnières qui sont à Boulogne seront numérotées 1, 2, 3, 4.

Celle qui est à Dunkerque sera numérotée 5.

Les 6 du Havre seront numérotées 6, 7, 8, 9, 10, 11.

Les 2 de Cherbourg, 12 et 13.

Les 6 de Brest, 14, 15, 16, 17, 18, 19.

On aura soin de ne pas donner de numéro aux chaloupes canonnières qui doivent rester au Havre et à Brest.

Bateaux canonniers.

Les bateaux canonniers auront des numéros séparés.

Les 97 qui sont à Dunkerque seront numérotés depuis 1 jusqu'à 97 inclusivement.

Ceux qui sont dans les autres ports, tant armés qu'à armer, prendront les numéros subséquents.

Péniches.

Les péniches suivront la destination des chaloupes canonnières et des bateaux canonniers.

COMPOSITION DE LA FLOTTILLE.

1° 12 divisions de chaloupes canonnières, chaque division étant composée de 27 chaloupes canonnières, 27 péniches, 27 demi-péniches. A cet effet, il faut avoir 324 chaloupes canonnières au lieu de 3oo.

2° 15 divisions de bateaux canonniers, chaque division étant composée de 27 bateaux canonniers, 27 péniches.

A cet effet, il faut avoir 4o5 bateaux canonniers au lieu de 4oo.

Chaque division sera distribuée en escouade et en section. Trois numéros formeront une escouade, 3 escouades ou 9 numéros formeront une section, et 3 sections ou 27 numéros formeront une division.

PREMIÈRE PARTIE.

Flottille de guerre.

L'aile gauche de la flottille qui partira d'Etaples sera divisée en 2 parties.

1ʳᵉ PARTIE.

2 divisions de chaloupes canonnières.
2 divisions de péniches.

2ᵉ PARTIE.

2 divisions de bateaux canonniers.

1ʳᵉ PARTIE.

	Bâtim.	Batail.
2 divis. de chaloupes canon. fais.	36 p.	4
2 divis. de péniches.	72	4

2ᵉ PARTIE.

2 divis. de bateaux canonniers.	72	8
Total de l'aile gauche d'Etaples.	18o	16

Le centre de la flottille à Boulogne sera divisé en 5 parties.

1ʳᵉ PARTIE.

3 divisions de chaloupes canonnières.
2 divisions de péniches.

2ᵉ PARTIE.

3 divisions de chaloupes canonnières.
2 divisions de péniches.

3ᵉ PARTIE.

1 division de chaloupes canonnières.
2 divisions de bateaux canonniers.

4ᵉ PARTIE.

Idem.

5ᵉ PARTIE.

3 divisions de bateaux canonniers.

1ʳᵉ PARTIE.

	Bâtim.	Batail.
3 divis. de chaloupes canonn. fais.	54 p.	6
2 *id.* de péniches.	72	4

2ᵉ PARTIE.

Idem.

3ᵉ PARTIE.

	Bâtim.	Batail.
1 division de chaloupes canonn.	18	2
2 *id.* bateaux canonniers.	2	78

4ᵉ PARTIE.

Idem.

5ᵉ PARTIE.

	Bâtim.	Batail.
3 divis. de bateaux canonniers.	10	12
Total du centre à Boulogne	540	52

La réserve, qui se réunira à Vimereux, sera composée de :

2 divisions de chaloupes canonnières.

4 divisions de péniches.

	Bâtim.	Batail.
2 divis. de chaloupes canonn. fais.	36 p.	4
2 divisions de péniches.	144	8
Total de la flottille française.	180	12

	Bâtim.	Batail.
12 divis. de chaloupes canonn. fais.	216 p.	24
9 divis. de bateaux canonniers.	324	36
10 divis. de péniches.	360	20
31 divis. formant	900	80

L'aile droite ou la flottille batave, qui partira d'Ambleteuse, sera divisée en trois parties.

1re PARTIE.

1 division de chaloupes canonnières.

2 divisions de bateaux canonniers.

2e PARTIE.

Idem.

3e PARTIE.

Idem.

1re PARTIE.

	Bâtim.	Batail.
1 divis. de chaloupes canonn. fais.	18 p.	2
2 divis. de bateaux canonniers.	72	8

2e PARTIE.

Idem.

3e PARTIE.

Idem.

	Bâtim.	Batail.
Total de l'aile droite ou de la flott. batave	270	30

La réserve de la flottille batave sera composée de :

1 division de péniches pour le service de la flottille.

	Bâtim.	Batail.
1 division de péniches	36	2
Total général.	306	32

Total général de la flottille tant française que batave.

	Bâtim.	Batail.
1° Etaples.	180	16
2° Boulogne.	540	52
3° Vimereux (réserve).	180	12
4° Flottille batave.	306	32
	1,206	112

DEUXIÈME PARTIE.

Flottille de transport.

La flottille de transport sera divisée en écuries;
Bâtiments de transport;
Bâtiments pour l'artillerie.

ÉTAPLES.

3a écuries portant 5oo chevaux de la brigade de cavalerie de Montreuil, se réuniront à Étaples.

3a écuries portant 5oo chevaux d'artillerie se réuniront à Étaples.

7 écuries portant 5oo chevaux d'état-major, se réuniront à Étaples.

Ce qui fera 71 écuries portant 1,1oo chevaux.

Nota. Pour ne point s'embrouiller dans les détails, on a supposé que chaque écurie portait 15 chevaux. Il y aura plus ou moins d'écuries, selon qu'elles porteront plus ou moins de 15 chevaux.

24 bâtiments de transport pour les bagages des bataillons et des états-majors, se réuniront à Etaples.

15 bâtiments chargés du matériel de l'artille-rie se réuniront à Etaples.

32 écuries portant 5oo chevaux de cavalerie.

32   5oo chevaux d'artillerie.

7   1oo chev. d'état-major.
___________   ___________

71   1,1oo

24 bâtiments portant le bagage des batail-lons et de l'état-major.

15 bâtiments portant le matériel de l'artillerie.
____

110 Total des bâtiments de la flottille de trans-port d'Étaples.

BOULOGNE.

32 écuries portant 5oo chevaux de la brigade de cavalerie du camp de Saint-Omer.

32 écuries portant 5oo chevaux d'artillerie.

15 écuries portant 2oo chevaux d'état-major, se réuniront à Boulogne.

75 bâtiments de transport pour les batail-lons et l'état-major.

15 bâtiments pour le matériel de l'artillerie se réuniront à Boulogne.

32 écuries portant 5oo chevaux de cavalerie.

32   5oo chevaux d'artillerie.

15   2oo chev. d'état-major.
___________   ___________

79   1,2oo

79 bâtiments. Voyez ci-contre.

75 bâtiments portant les bagages des bataillons et de l'état-major.

15 bâtim. portant **le matériel de l'artillerie.**

___

169 Total des bâtiments de la flottille de transport à Boulogne.

VIMEREUX.

75 écuries portant 100 chevaux de la garde impériale, se réuniront à Vimereux.

32 écuries portant 500 chevaux de l'artillerie de la garde impériale.

18 écuries portant les bagages des bataillons de l'état-major.

16 bâtiments portant **le matériel de l'artillerie.**

75 écuries portant 1,000 chev. de cavalerie.

52   500 chevaux d'artillerie.

___

107   1,500

18 bâtiments portant les bagages des bataillons et de l'état-major.

15 bâtiments portant le matériel de l'artillerie.

___

140 Total des bâtiments de la flottille des bâtiments de transport à Vimereux.

AMBLETEUSE.

32 écuries portant 5oo chevaux de la brigade de cavalerie du camp de Bruges, se réuniront à Ambleteuse.

32 écuries portant 5oo chevaux d'artillerie.

7 écuries portant 1oo chevaux d'état-major.

45 bâtiments portant les bagages des bataillons et de l'état-major.

15 bâtiments portant le matériel de l'artillerie, se réuniront à Ambleteuse.

32 écuries portant 5oo chevaux de cavalerie.

32   5oo chevaux d'artillerie.

 7   1oo chevaux d'état-major.

71   1,1oo

45 bâtiments portant les bagages des bataillons et de l'état-major.

15 bâtim. portant le matériel de l'artillerie.

131 Total des bâtiments de la flottille de transport à Ambleteuse.

CALAIS.

75 écuries tirant le plus d'eau, se réuniront à Calais, et porteront 1,ooo chevaux de la réserve que commande le général Boursier.

Tous les chevaux qui sont placés sur chaque

bâteau canonnier seront des chevaux d'artillerie.

Tous les chevaux des prames appartiendront
aux régiments de cavalerie de la réserve du général Boursier.

N° II.

Extrait du *Moniteur* du 29 fructidor an xii (16 septembre 1804).

Decaen, capitaine-général des établissements français à l'est du Cap de Bonne-Espérance, au ministre de la marine et des colonies. — Au quartier-général à l'Ile-de-France, le 25 floréal an 12 de la république.

J'ai l'honneur de vous annoncer, citoyen ministre, que le contre-amiral Linois est arrivé au mouillage de l'Ile-de-France le 11 germinal, avec les vaisseaux *le Marengo*, *la Sémillante* et *le Berceau*. Cette rentrée inattendue excita naturellement ma surprise, d'après ce qu'avait annoncé le contre-amiral par sa lettre datée de Batavia, le 25 frimaire. Après avoir énuméré les forces navales des Anglais, il dit : « Comme » ils ont beaucoup de points à garder, leurs for- » ces doivent être nécessairement divisées, et j'es- » père pouvoir leur faire beaucoup de mal *en* » *me portant successivement à de grandes distan-*

» *ces dans diverses parties des mers de l'Inde.* »

Et par post-scriptum, le 3 nivose : « Je viens » de *compléter* à Batavia six mois de vivres pour » la division. »

Les dépêches du contre-amiral Linois, portées par *le Bélier*, doivent vous dire la même chose, et vous avoir flatté comme je l'avais été de l'espoir des résultats les plus heureux. J'avais tellement confiance dans les conjectures que j'avais faites sur la possibilité d'avoir des succès, que, lorsque la division fut signalée et reconnue, je les augmentai de ma persuasion que *le convoi de Chine* avait été rencontré, attaqué, et capturé pour la majeure partie. Je supposai même que les deux autres frégates qui n'étaient pas présentes, ainsi que le brick hollandais qui avait été mis à la disposition du contre-amiral, étaient restés pour l'escorte des bâtiments pris, et que le contre-amiral Linois ne s'était ainsi porté en avant que pour éclairer la marche et chercher les croisières anglaises, s'il y en avait eu devant l'Ile-de-France. Mais je fus trompé dans mon attente, surtout lorsqu'au retour de mon aide-de-camp, envoyé près du contre-amiral, il me fut remis de sa part une lettre qui commence ainsi :

« Je ne pourrai avoir le plaisir de vous voir

» que lorsque les bâtiments de la division se-
» ront sous la protection de vos batteries ; je
» vous prie en conséquence de vouloir bien
» donner vos ordres pour nous faire entrer au
» plus tôt dans le port. »

A cette lettre le contre-amiral Linois avait joint un précis de la croisière de la division à ses ordres. Je crois nécessaire d'en insérer ici l'extrait, d'après la lecture duquel je vous prie de juger, citoyen ministre, s'il était naturel que je ne marquasse pas de l'étonnement au contre-amiral Linois, lorsque le lendemain il se présenta avec les officiers de la division pour me faire une visite de corps.

« Le 25 au point du jour, les vigies annoncè-
» rent quatre, huit, et successivement vingt-sept
» bâtiments au N.-N.-E. Ce grand nombre de
» bâtiments ne laissait plus de doute que ce ne
» fût le convoi venant de Chine. Le général n'a-
» vait dans ce moment ralliés à lui que *le Berceau*
» et *l'Aventurier*; les frégates *la Belle-Poule* et *la*
» *Sémillante* ayant resté sous voiles, avaient été
» entraînées deux lieues sous le vent du vaisseau
» par la force des courants et par le mauvais
» temps de la veille. A onze heures un quart,
» cinq bâtiments de cette flotte se détachèrent
» pour reconnaître la division ; les autres mirent

» en panne. Le général, profitant d'un grain qui
» ôta aux ennemis la vue de ses mouvements,
» rallia promptement ses frégates, et tint le vent
» en ligne de bataille. Le grain dissipé, les cinq
» bâtiments ennemis détachés se formèrent en
» ligne et tinrent aussi le vent. A cinq heures
» et demie du soir, le général signala que son
» intention étant d'éviter un engagement de
» nuit, il attendrait le point du jour pour atta-
» quer l'ennemi. Il cherchait cependant à lui
» gagner le vent.

» Si la contenance des ennemis pendant le
» jour n'avait été qu'une ruse, ayant pour but
» de nous en imposer, pour cacher leur fai-
» blesse, ils auraient profité de l'obscurité de la
» nuit pour tenter de dérober leur marche à la
» division, et dans cette occasion, le général
» pouvait profiter avec avantage de leurs mou-
» vements. Mais il put bientôt se convaincre que
» cette sécurité n'avait pas été simulée. Trois de
» leurs vaisseaux eurent constamment leurs feux,
» et la flotte conserva la panne toute la nuit, en
» se tenant bien ralliée. Cette position facilita
» au général les moyens de lui gagner le vent,
» et de l'observer de près.

» Le 26, à six heures du matin, les ennemis
» étaient à une portée et demie de canon, le

» calme ne permettait pas au général de rien en-
» treprendre contre eux, et il en profita pour
» appeler à son bord les capitaines de la divi-
» sion : il leur fit connaître que son intention
» était, à la première brise, de laisser arriver sur
» les ennemis, de menacer le centre de leur li-
» gne, et de couper les vaisseaux de la queue.
» Tous les capitaines ayant le désir bien pro-
» noncé de seconder les projets du général, lui
» firent part de l'ardeur qui régnait dans les
» équipages , et ce n'était pas sans admiration
» que l'on vit, en effet, quelques uns des ma-
» lades, alors si nombreux dans la division, quit-
» ter leurs cadres pour se traîner à leur poste de
» combat.

» A sept heures et demie, les ennemis arborè-
» rent leurs couleurs; la division mit aussitôt
» les siennes. *Quoiqu'à portée de bien distinguer*
» *les bâtiments de la flotte*, le général ne pou-
» vait connaître sa force réelle ; vingt de ses bâ-
» timents avaient l'apparence de vaisseaux à
» deux batteries. *On crut reconnaître une frégate;*
» *le brick de guerre avait pavillon bleu*, ainsi que
» trois vaisseaux. Ces derniers faisaient partie
» de huit vaisseaux *qui paraissaient chargés plus*
» *particulièrement de la protection du convoi.*

» Par les renseignements que le général s'é-

» tait procurés par les neutres venant de Chine,
» il savait qu'il y avait dix-sept vaisseaux de com-
» pagnie, six country ships, et *le brick,* en tout
» vingt-quatre bâtiments prêts à partir. Les trois
» bâtiments de plus que l'on voyait pouvaient
» bien être l'escorte annoncée. A huit heures, la
» brise ayant un peu fraîchi, la flotte fit route au
» sud, en se formant en ligne. Huit à dix vais-
» seaux formaient une double ligne au vent de
» la première. La division gouverna sur la tête
» de la ligne en forçant de voiles ; mais les vents
» ayant varié au O.-N.-O., en mollissant, ils ne
» permettaient plus au général de porter plus au
» vent que le centre. Enfin, à midi, profitant
» d'une petite fraîcheur, le général fit arriver
» tout plat pour couper les deux vaisseaux à la
» queue de la ligne ennemie.

» A peine sa manœuvre fut-elle indiquée, que
» cinq vaisseaux de la double ligne virèrent par
» la contre-marche, et laissèrent arriver sur la
» division. Dès lors le plan d'attaque du général
» dut changer, et pour n'être pas pris entre
» deux feux, il revint au vent pour aller à la ren-
» contre des deux premiers vaisseaux qui avaient
» viré, et pour les attaquer.

» A midi trente minutes, le premier coup de
» canon partit du *Marengo,* et immédiatement

» après l'engagement commença ; le vaisseau
» ennemi le plus rapproché ayant éprouvé quel-
» ques avaries laissa arriver ; mais soutenu par
» ceux qui le suivaient, il prêta de nouveau le
» côté, et fit, ainsi que les autres bâtiments, un
» feu très nourri. Les vaisseaux qui avaient viré
» se réunirent à ceux qui combattaient la divi-
» sion, et trois de ceux qui avaient des premiers
» pris part à l'action, manœuvrèrent pour la
» doubler de l'arrière, tandis que le reste de la
» flotte, se couvrant de voiles et laissant arriver,
» annonçait le projet de l'envelopper.

» Les ennemis, par cette manœuvre, avaient
» rendu la position du général très dangereuse ;
» la supériorité de leurs forces était reconnue,
» et il n'y avait plus à délibérer sur le parti que
» l'on devait prendre pour éviter les suites fu-
» nestes d'un engagement inégal. Le général pro-
» fitant de la fumée qui l'enveloppait, vira lof
» pour lof, pour venir sur bas-bord, et courant
» à l'E.-N.-E., il s'éloigna de l'ennemi, qui con-
» tinua à le poursuivre jusqu'à trois heures, en
» envoyant à la division plusieurs bordées hors
» de portée.

» Le général put remarquer pendant l'action
» que six à huit vaisseaux avaient fait feu de
» leurs deux batteries : il n'est pas douteux qu'ils

» n'aient eu le désir d'être attaqués, puisque ce
» n'est qu'au moment de l'engagement qu'ils
» montrèrent leur première batterie. Cet enga-
» gement dura quarante minutes : les boulets de
» l'ennemi, dirigés généralement à dégréer, ne
» firent aux bâtiments de la division que de lé-
» gers dommages : personne ne fut blessé.

» Cette croisière n'offrant plus aucun avan-
» tage pour cette mousson, le général se décida,
» le 27 pluviose, à faire route pour Batavia.
» Après avoir repassé par le détroit de Gaspard,
» la division fut ralliée le 2 ventose par la frégate
» l'*Atalante*. Le 6, elle mouilla à Batavia. Le
» vice-amiral Hartzinck, commandant deux
» vaisseaux et une frégate, arrivé récemment
» d'Europe, était aussi mouillé sur cette rade.
» Les instructions limitées de cet amiral ne lui
» permettraient pas d'entreprendre quelque ex-
» pédition contre l'ennemi, en combinant ses
» forces avec celles du général.

» En cinq jours, la division avait complété son
» eau et *six mois* de vivres; elle avait aussi pris
» des rafraîchissements pour les malades, dont
» le nombre s'élevait encore à 70, seulement à
» bord du *Marengo*.

» Le général, désirant accélérer la vente des
» prises, l'*Amiral Raynier* et la *Henriette*, après

» s'être concertés avec les capitaines de la divi-
» sion, accepta la proposition qui lui fut faite
» par le shabendar, d'acheter *en bloc* les deux
» prises de leur cargaison, pour la somme de
» 133,000 piastres, exemptes de tous frais. Le
» conseil de la haute régence, par égard pour
» ses alliés, consentit à l'exportation de ce numé-
» raire sur la division.

» Le 13, la division appareilla de Batavia, elle
» rencontra celle du vice-amiral Hartzinck,
» mouillé sous l'île Nord; il était parti quatre
» jours auparavant. En donnant dans le détroit
» de la Sonde, par la passe au nord de l'île du
» milieu, la division française fut surprise par
» les calmes : drossée par la violence extrême
» des courants, elle fut pendant quelque temps
» entraînée vers les dangers. Une petite ancre de
» *la Belle-Poule* fut heureusement la seule perte
» qu'on eut à regretter. Le 15 ventose, étant
» hors du détroit de la Sonde, le général déta-
» cha les frégates *la Belle-Poule* et *l'Atalante*,
» pour aller croiser, et gardant avec lui *la Sémil-*
» *lante* et *le Berceau*, il fit route pour l'Ile-de-
» France, où il est arrivé à bon port le 11 ger-
» minal. »

N° III.

VOIR LA LETTRE DU 14 SEPTEMBRE 1804, PAGE 15.

Extrait du *Moniteur* du 29 fructidor an XII (16 septembre 1804).

Extrait d'une lettre du capitaine-général Decaen au ministre de la marine et des colonies. — Au quartier-général de l'Ile-de-France, en date du 30 floréal an 12.

J'ai eu l'honneur, citoyen ministre, de vous annoncer dans ma précédente lettre, n. 45, la rentrée des deux frégates *la Belle-Poule* et *l'Atalante;* elles ont pris mouillage à l'Ile-de-France le 18 floréal, avec la prise de *l'Athia,* qu'on évalue à environ cinq millions de francs

N° IV.

VOIR LA LETTRE DU 29 SEPTEMBRE 1804, page 20.

RAPPORT FAIT A SON EXCELLENCE LE MINISTRE DE LA MARINE ET DES COLONIES SUR LE SIÉGE DE SANTO-DOMINGO PAR L'ARMÉE DES RÉVOLTÉS DE SAINT-DOMINGUE; PAR LE GÉNÉRAL DE BRIGADE L. FERRAND, COMMANDANT EN CHEF, CAPITAINE-GÉNÉRAL PAR INTÉRIM.

Au quartier générale de Santo-Domingo, le 20 germinal an XIII (10 avril 1805).

MONSEIGNEUR ,

Il est flatteur pour moi d'avoir à vous annoncer et à vous rapporter les circonstances d'un événement militaire, honorable pour les troupes que je commande, et très avantageux à la colonie : je veux parler du siége de la place de Santo-Domingo par le nègre Dessalines avec toutes ses forces réunies. Le ciel y a favorisé d'un grand succès les armes de l'empire. Ce rapport prouvera à Sa Majesté Impériale combien lui sont dévouées la population libre et l'armée de Saint-Domingue.

Mais avant d'entamer les détails qui appartiennent strictement à ce siége, il est nécessaire d'exposer à Votre Excellence l'état où se trouvaient les départements fidèles du Cibao et de l'Ozama, la situation de leurs frontières, et tout ce qui a précédé l'arrivée des rebelles devant les murs de Santo-Domingo.

Depuis long-temps je connaissais l'intention de Dessalines, dont l'ambition ne pouvait être satisfaite qu'autant qu'il verrait en son pouvoir une place qu'il estime être le boulevard de la colonie, et je savais les grands préparatifs qu'il faisait dans ce dessein par l'entremise infâme du commerce américain, qui lui a constamment fourni avec abondance ce qui lui est nécessaire pour maintenir et étendre sa rébellion. Depuis long-temps il ne cessait d'exciter la rage de ses soldats par ses proclamations sanguinaires, et leur faisait sentir la nécessité d'une expédition pour laquelle ils répugnaient d'abord. Il leur faisait entendre que leur liberté ne serait jamais assurée tant que des Français existeraient sur le même territoire; qu'il fallait absolument s'emparer du seul asile qui leur restait; que les Espagnols, impatients d'un joug étranger, n'attendaient que leur présence pour se déclarer; qu'ils ne trouveraient devant eux qu'une place dégradée, mal pourvue, n'ayant qu'une garnison faible, terrorisée par des désastres, pleine de défiance, et facile à égorger; qu'enfin, après cette dernière conquête, ils rentreraient dans leurs foyers, libres désormais de toute inquiétude; et il flattait ensuite leur crédulité et leur paresse par des idées de repos que rien ne pourrait plus altérer. Sa politique réussissait; leurs rassemblements se formaient et s'approchaient de nos frontières. Il avait gagné les plus dociles; les plus récalcitrants, il les faisait mourir.

J'étais instruit de ses mouvements à mesure qu'ils s'opéraient, et depuis que j'avais pris le commandement des malheureux restes de l'armée, je m'étais occupé sans relâche à rendre vains de si puissants efforts en m'assurant l'affection des Espagnols par une administration juste, et par tous les soins paternels que les peuples aiment à trouver dans leur gouvernement. J'avais dès long-temps préparé leurs esprits à l'événement qui les menaçait, et j'avais acquis la certitude que leur fidélité n'en serait point ébranlée.

Mes inquiétudes avaient un autre objet : c'était la faiblesse de la garnison de la place en troupes de ligne, la médiocrité des approvisionnements qu'elle renfermait, et la pénurie ex trême d'argent où je me trouvais, qui ne me permettait pas la plus légère dépense. Il fallait cependant contenter le soldat, et entretenir le mouvement imprimé. Je pris des mesures pour remédier à ces inconvénients, et ce ne fut pas ma faute si elles ne réussirent point. Les troupes françaises de la Havane, sous les ordres du général Lavalette, furent appelées; des vivres, des armes, des munitions, de l'argent, furent demandées à M. le commissaire-général Fichon. Le capitaine aide-de-camp Castet, que j'avais envoyé aux États-Unis, exposa aussi vainement mes besoins à tous les commissaires particuliers des relations commerciales. Rien n'arriva, partout j'éprouvai des refus. Il était digne de remarque de voir l'activité des agents de Dessalines à le pourvoir, et, à l'exception du général Rey, la froide mauvaise grâce des nôtres à me refuser tout secours. Ma situation empirait à mesure que croissait le danger : j'eus à lutter contre toutes les difficultés. Je pris enfin un parti. Privé de troupes, je fis des arrêtés favorables à la population, qui, en peu de temps, doublèrent la milice française. Privé d'argent, je stipulai des marchés particuliers avec des négociants à qui mes opérations inspiraient quelque confiance, et j'en obtins ce qui m'était le plus indispensable. C'est dans ces laborieuses circonstances que le capitaine Bruce, mon aide-de-camp, arriva de France avec les 1,300,000 livres en lettres de change sur le trésor public que Votre Excellence m'envoyait, ce qui soulagea un peu ma position, car il me fut très difficile d'obtenir du commerce étranger tout le crédit que ces effets méritent. Cependant le temps pressait ; je fus visiter les frontières, et comme les plus grandes forces ennemies devaient partir du Port-au-Prince avec Dessalines lui-même, je parcourus préférablement celles du département de l'Ozama. J'y fis retrancher la position du Fuerto, entre Arna et Saint-Jean ; celle de Postrerebo, entre Arna et Neyba ; et la garde en fut confiée à un corps de 200 Espagnols, que je levai, armai et soldai à cet effet. Les mêmes précautions furent prises sur les frontières du département de Cibao, et mes forces se trouvèrent ainsi augmentées au-dehors de 400 hommes. J'ordonnai le rassemblement fréquent des milices, pour qu'elles prissent confiance en leur nombre. Toutes ces mesures, Monseigneur, assuraient l'ordre dans les campagnes, empêchaient les simples incursions de l'ennemi, éclairaient sa marche et ses projets, et me donnaient la garantie qu'il ne pénétrerait pas jusqu'à moi sans quelque perte et quelque résistance.

En attendant, tous les travaux ordonnés s'exécutaient dans la place de Santo-Domingo. On en réparait les fortifications, on en consolidait les batteries, on rendait le pied de ses murailles d'un aussi difficile accès que le permet un terrain où l'on ne peut creuser de fossé sans des frais que ne pouvaient autoriser mes faibles moyens. Les ouvriers du génie, ceux de l'arsenal, préparaient jour et nuit les moyens de défense : sur tous les points, tout était travail et mouvement.

Le 20 pluviose dernier, j'appris enfin que tous les rassemblements de révoltés s'étaient effectués; que leur première colonne était déjà au Mirbalais, menaçant toute la frontière depuis Neyba jusqu'à Saint-Jean; et que la seconde, sous les ordres de Christophe, était partie du Cap, se dirigeant sur Santiago. Je ne perdis pas un moment pour faire parvenir au colonel des milices Sérapio de l'Orve, commandant du Cibao, un renfort en munitions; j'en fis passer aussi au chef de bataillon Ruiz, commandant les frontières du département de l'Ozama, à qui j'envoyai en même temps les compagnies coloniales commandées par le chef de bataillon

Wiet. Le commandant Ruiz reçut l'ordre de porter sur-le-champ toutes ses forces sur les deux postes de Fuerto et de Postrerebo qui gardent les deux avenues par où les brigands devaient nécessairement passer. Les milices furent prévenues de se tenir prêtes à marcher, et pour raffermir davantage l'esprit des habitants des deux départements, je m'empresse de leur adresser une proclamation en date du 24 pluviose.

Les grandes forces réunies des révoltés ne me laissèrent plus aucun doute sur leurs véritables projets, et il me fut dès lors facile de juger que les frontières étaient hors d'état d'opposer une résistance suffisante pour les arrêter dans leur marche. Je devais cependant tout tenter, ma position m'en faisait une loi. Les commandants Sérapio et Ruiz reçurent donc ordre de tenir ferme, et dans le cas où ils seraient forcés dans leurs premiers retranchements, de disputer pied à pied le terrain à l'ennemi, de couper les chemins et les avenues en avant et derrière eux par des fossés et des abatis, afin de se prépare une retraite lente qui coûtât cher à l'ennemi, et qui pût même, à force d'obstacles, le rebuter de son entreprise. J'enjoignis au chef de brigade des milices, don Manuel de Peralta, d'établir des correspondances promptes et multipliées avec tous les points de la frontière. Je prescrivis des mesures rigoureuses contre les habitants de la commune de Neyba, qui semblaient incliner vers le parti des brigands, et je défendis au commandant de Saint-Jean de délivrer à Dessalines 200 chevaux que ce rebelle lui demandait du Mirbalais pour la remonte de sa cavalerie.

En même temps, je redoublai de soins et d'activité pour approvisionner Santo-Domingo. Le chef d'administration et les notables furent chargés de faire entrer dans la place tous les vivres du pays qu'ils pourraient se procurer. Le sieur Garan, négociant, fut envoyé à Saint-Thomas pour y acheter des farines et me les faire arriver. Je le recommandai à M. le gouverneur de cette île, et Votre Excellence, Monseigneur, doit des remerciements à cet officier bienveillant pour le zèle qu'il a mis à favoriser mes besoins dans une occasion aussi urgente. M. Lothon, représentant du gouvernement de Saint-Domingue dans la même île, m'envoya aussi quelques secours, et déjà le capitaine Bruce, mon aide-de-camp, était parti pour New-York avec 400,000 francs en lettres de change sur le trésor public pour les convertir en vivres et en argent. Je ne négligeai aucun moyen pour me procurer toutes les ressources que ma position nécessitait.

Le 2 ventose, Pétion vint avec 1,500 hommes reconnaître le bourg de Neyba.

Dessalines partit enfin de Mirbalais, arriva à Saint-Jean, le 6 ventose, à la tête de 10,000 hommes, et le 8, le chef de bataillon Wiet fut attaqué dans le poste de Fuerto avec des forces si supérieures, que la résistance fut inutile. Ce brave officier y perdit la vie, et sa troupe fut dispersée. Le commandant Ruiz, qui gardait le retranchement de Postrerebo, ne fut point attaqué. Aucune force des révoltés n'avait marché par Neyba, leur masse s'étant portée tout entière sur Saint-Jean. Il apprit fort tard, vers le soir de la même journée, la prise du Fuerto, et sa position n'étant plus tenable, l'ennemi l'ayant déjà dépassé, il s'efforça de gagner Arna; mais les brigands y étaient arrivés avant lui. Il en fut instruit à propos, et changeant de direction, il s'achemina par les sentiers qui bordent la mer sur le bourg de Bany, à quinze lieues de la ville de Santo-Domingo. Il y arriva le 10 ventose, suivi des milices d'Arna, de Bany et de Los Ingenios, qui toutes avaient été le renforcer. Dessalines le suivait de très près.

Dans le même temps, Christophe, avec 8,000 hommes, avait attaqué les milices du Cibao, campées et retranchées en avant de la ville de Santiago, avec un succès égal, pareillement dû à la supériorité de ses forces. Le brave colonel Sépario de Lorve y périt les armes à la main, et ses troupes, privées de leur chef, se réfugièrent dans les bois. L'ennemi poussa brusquement sur la ville, y entra, surprit les malheureux habitants, incapables de porter les armes, les massacra sans distinction d'âge ni de sexe, et fit pendre quelques membres du conseil des notables. J'ai appris ce triste événement par M. Franco, président de ce département, et par quelques autres individus qui durent leur salut à la vitesse de leurs chevaux.

Le 9 et le 10 ventose, n'étant que très peu instruit des mouvements de l'ennemi dans le Cibao, je fis partir le chef de brigade des milices, don Juan Baron, officier au service de S. M. C., mais que j'avais provisoirement élevé à ce grade, à cause de la grande confiance que les Espagnols avaient en sa bravoure et en sa capacité. Je lui ordonnai d'en rallier les habitants, de reprendre les avant-postes de Santiago s'il en était temps encore, sinon de faire résistance à chaque pas, de profiter de toutes les positions dont le pays est couvert, et de défendre avec opiniâtreté les défilés du Pignal, en-deçà du Cotuy. Dans le cas où il y aurait été forcé, je lui prescrivais, prévoyant bien que la présence des brigands devant Santo-Domingo ne pouvait être longue, de ne point rentrer dans la place, quoique l'ennemi arrivât devant ses murs; mais de tenir la campagne à l'aide des bois, de partager sa troupe en petites colonnes mobiles, qui se réuniraient ou se diviseraient selon les circonstances; de s'attacher principalement à enlever à l'ennemi tous ses convois de vivres en lui dérobant tous ses mouvements; de faire main basse sur tous les partis qui s'écarteraient pour marauder, et de venir souvent la nuit le harceler et l'inquiéter sur ses derrières. Pour l'aider dans ses opérations, je lui adjoignis le chef d'escadron Aussenac et le sous-lieutenant Darnaud, tous les deux de mon état-major. Ce plan, qui promettait beaucoup, demeura sans effet par la dispersion totale des Espagnols de ce département; et le chef de brigade Baron rentra dans la journée du 13 sans avoir pu rien exécuter, seulement avec la certitude que la colonne de Christophe était arrivée dans la plaine de San-Pedro, à douze lieues de Santo-Domingo.

Dans les trois jours précédents, une population prodigieuse des campagnes, en femmes, enfants, vieillards, esclaves, fuyant devant l'ennemi, était venue se réfugier dans la place; je profitai de tous ces bras pour achever autour des murs ceux des travaux qui n'étaient pas encore terminés, et tout le monde y mit la main, les femmes, les bourgeois, les officiers et les soldats. On abattit les arbres; on coupa les bananeries, on démolit le bourg Saint - Carles, à une demi-portée de fusil de la ville, où l'ennemi aurait pu se loger, et je m'empressai de mettre un embargo sur tous les bâtiments marchands qui se trouvaient heureusement dans le port.

C'est ici, je crois, Monseigneur, le moment où Votre Excellence doit jeter les yeux sur le plan de Santo-Domingo, pour qu'elle puisse y prendre une idée exacte des difficultés que cette place apporte à sa défense par la faiblesse de ses fortifications, et par l'inconvénient d'être dominée sur plusieurs points d'une circonférence d'élévation, placée à trois cents, deux cents, et même à cent cinquante toises de ses murs, où l'ennemi peut se loger avec un très grand avantage.

Cette ville n'a été sûrement fortifiée que pour être mise à l'abri d'un coup de main de la part d'une troupe peu nombreuse dont l'attaque ne serait que de peu de durée, et non pour soutenir un siége contre une armée munie seulement d'une partie des objets qu'exige une pareille entreprise. On n'avait pu prévoir qu'il faudrait un jour la défendre contre un ennemi nombreux établi dans la colonie, et abondamment pourvu de tous les objets militaires.

La figure de la place est à peu près celle d'un trapèze, dont le côté est se trouve baigné par la rivière Ozama, profonde et encaissée. Le côté sud est bordé par la mer, dont le rivage est escarpé et inabordable. Ces deux côtés, revêtus de murailles et fortifiés ainsi par la nature, sont ceux qui donnent le moins de prise à un ennemi de l'intérieur.

Il n'en est pas ainsi des deux autres côtés ouest et nord, qui forment dans leur ensemble particuliers une ligne d'environ 1,400 toises, seulement fortifiée par un simple rempart revêtu en pierres de 8 pieds d'épaisseur, sans fossé, et qui n'est terrassé nulle part. Sa hauteur est depuis 12 jusqu'à 14 pieds, y compris celle de son parapet de 18 pouces d'épaisseur, et trop bas dans presque toute son étendue. Ce rempart ne serait pas tenable contre une batterie de canons de 12. Le côté nord est flanqué par sept bastions, et le côté ouest par quatre forts d'une construction carrée. Mais ces bastions, infiniment petits et sans aucune proportion, ayant chacun au plus 3 toises de flanc sur 4 de face, ajoutent peu à cette ligne de défense, et en sont cependant les plus essentiels, la place n'étant protégée par aucun ouvrage extérieur, si l'on en excepte une petite demi-lune avec son fossé, qui, dans le côté ouest, couvre la porte du Comte. En général, les murailles de la place sont si enterrées relativement à l'élévation de la circonférence extérieure du terrain, qu'il a été indispensable d'établir une pièce de 12 sur le clocher de l'église de la Mercy, et un autre du même calibre sur le dôme de l'église de Saint-François, pour pouvoir tirer sur certains ouvrages de l'ennemi qu'on ne pouvait apercevoir des bastions, et sur lesquels il devenait très difficile de tirer à ricochet. Cette ligne nord a, de plus, le terrible inconvénient d'être vue, sur sa droite, de flanc et de revers par les positions qui sont du côté opposé de l'Ozoma, le bastion Sainte-Barbe étant même enfilé de l'habitation Esparsa par toute la largeur de sa gorge, et par sa gauche, cette ligne est vue de flanc de la route d'Arna, à 200 toises de la place. Le côté ouest est enfilé dans presque toute son étendue du bourg de Saint-Carles et des hauteurs adjacentes.

C'est dans cette place, si peu favorisée sous les rapports militaires, que les troupes sous mon commandement conçurent l'espoir de s'honorer par une défense digne des annales de l'empire ; et moi, Monseigneur, je me rappelai mes devoirs dans toute leur étendue, et mon engagement de conserver cette place à Sa Majesté Impériale.

Actuellement, j'attendais l'ennemi à chaque instant ; rien ne l'arrêtait plus sur la route de Santiago, et le commandant Ruiz était en pleine retraite sur celle de Banny. Je remplis le peu de moments qui me restaient à établir la police de la place par des règlements sévères. L'état de siége fut proclamé ; tout ce qui existait en approvisionnements dans les magasins marchands et dans les navires du port fut transféré dans celui de l'État, et la valeur en fut acquittée sur-le-champ.

Le 13 ventose, le chef de bataillon Ruiz rentra dans la place avec les débris de la légion coloniale, les compagnies soldées et les milices d'Arna, de Bany, de los Ingenios et de Jaïna. Celles de l'Ozama, de Saint-Carles, de los Llanos, de Montegrande, étaient aussi entrées le même jour, et dans l'après-midi ; je les réunis à celles de Santo-Domingo sur la place d'armes pour les organiser. J'en formai trois bataillons, sous les ordres des chefs de bataillon Ruiz, Carmonaz et Ros, commandés par le chef de brigade don Thomas Ramirez, et sous l'inspection immédiate des deux chefs de brigade Peralta et Baron. La moitié de ces milices fut armée de fusils et l'autre avec ses lances, les armes à feu manquant absolument. Le bataillon de la milice française était commandé par le chef de bataillon Bernard.

Ces milices ainsi organisées furent immédiatement après conduites et logées dans leurs postes respectifs le long du rempart. On leur distribua des cartouches, on les mêla dans tous les postes avec la troupe de ligne qui les y avait devancées, ainsi que l'artillerie. Les portes inutiles furent condamnées, et des ordres rigoureux furent donnés pour que personne ne s'absentât de son poste.

Voici l'effectif des combattants en officiers et soldats de ligne qui défendaient la place, d'après l'état de situation générale de la garnison en date du même jour, 13 ventose :

États-majors de l'armée de la division de la place. . . . . . . } 40 hom.
Direction de l'artillerie et du génie. }
8ᵉ régiment d'artillerie à pied. . 49
Total. . . 89

Report.　.　89 hom.

Bataillon d'artillerie de Saint-Domingue.　.　.　.　.　.　.　.　.　.　23

5ᵉ demi-brigade légère　.　.　.　.　106

Légion du Cap.　.　.　.　.　.　.　192

89ᵉ demi-brigade de ligne　.　.　.　77

110ᵉ　　　　*id.*　.　.　.　.　.　.　137

113ᵉ　　　　*id.*　.　.　.　.　.　.　88

Guides du général en chef.　.　.　17

Guides du général commandant la
division.　.　.　.　.　.　.　.　.　.　6

　　　　　　　　Total.　.　.　.　.　735 hom.

Effectif des combattants en officiers et soldats
des milices d'après le rapport :

Compagnie administrative.　.　.　67 hom.

Légion coloniale soldée.　.　.　.　52

Compagnies d'Arna soldées.　.　.　93

Milices françaises, y compris les
vétérans　.　.　.　.　.　.　.　.　.　.　487

Milices espagnoles, y compris les
vétérans　.　.　.　.　.　.　.　.　.　1,335

Dragons nationaux　.　.　.　.　.　56

　　　　　　　Total.　.　.　.　.　2,090

　　　　　　　D'autre part.　.　.　735

　　　　　　　Total général　.　.　2,825 hom.

　　　　dont 1,000 **armés de lances.**

Le tableau joint sous le n° 2, offrira à Votre Excellence la distribution de ces troupes sur le rempart et la désignation des postes qu'elles y occupaient. Le chef de bataillon Gras, commandait la ligne de l'ouest ; le chef de bataillon Lafiton, celle du nord ; le chef de bataillon Fiard avait sous ses ordres la réserve. Un officier de l'état-major-général était attaché à chaque bastion et à chaque fort pour en surveiller les besoins et le service. Je gardai auprès de moi les capitaines aides-de-camp Filleul et Castel, et les capitaines-adjoints Vassimon et Bulon.

Mes ressources en farines ou objets équivalents, d'après l'état de situation du magasin général de la même époque, étaient comme il suit :

> Farines. . . . . . 348 barils.
> Biscuits. . . . . . 7 *id.*
> Pois. . . . . . . 7 *id.*
> Riz . . . . 106 boucauds.
> Vermicelle. . . . . 34 caisses.
> *id.* . . . . . . 6 malles.

Telle était la situation positive des choses, lorsque, le 15 ventose, à cinq heures de l'après-midi, Dessalines, qui, avec ses forces, était arrivé sur l'habitation Galard, à une lieue et demie de Santo-Domingo, m'envoya, par un Espagnol de la campague, une sommation de me rendre; je ne la jugeai pas digne de réponse; seulement, comme il me donnait quarante-huit heures pour l'évacuation de la place, j'imaginai que ce pouvait être une ruse de sa part pour m'attaquer la nuit même. J'en prévins sur-le-champ tous les postes. La plus grande surveillance y fut recommandée, et je transférai de suite mon quartier-général au pied des murailles. La nuit cependant fut très tranquille. Au moment où je recevais cette sommation, une frégate anglaise parut à la vue du port.

Le 16 ventôse au matin, l'ennemi n'ayant pas traversé l'Ozama, tous les esclaves qui étaient dans la place, et dont le nombre était à redouter, furent envoyés à Higuey à la pointe la plus orientale de l'île, pour y rester à la disposition de leurs maîtres, et je fis brûler en même temps le bourg du Rosaire du côté opposé de la rivière, qui aurait pu faciliter l'approche des brigands.

Il m'était très essentiel de convaincre Dessalines que mon intention était de défendre la place avec la dernière opiniâtreté ; ce dont il aurait toujours douté tant qu'il aurait vu mouiller dans le port les bâtiments marchands qui s'y trouvaient. Il pouvait penser que je les retenais pour opérer une évacuation, et cette idée le déterminer à continuer le siége avec plus de constance et de vigueur. D'ailleurs cette résolution prouvait aux troupes la nécessité d'une défense victorieuse, et je ne voulais pas laisser aux timides, s'il s'en fût trouvé, un espoir qui aurait pu compromettre la sûreté de la place. En conséquence, quelque désespérée que parût cette détermination, je m'y fixai et l'exécutai le jour même. Ces bâtiments furent expédiés, et partirent au grand étonnement de l'armée des rebelles ; mais j'utilisai leur départ en y embarquant toutes les bouches inutiles, en commençant par les vieillards, les femmes blanches et leurs enfants. Cette mesure me délivra de près de quatre mille personnes qui furent transportées hors de la colonie, et qui malheureusement, à leur sortie du port, furent presque toutes pillées et maltraitées par les croiseurs anglais de la marine royale, dont plusieurs ont converti la guerre en une piraterie déshonorante pour leur pavillon et pour un peuple policé. Je gardai seulement les deux avisos de l'État, *l'Amitié*, commandé par le lieutenant de vaisseau Dupuy, commandant la station; et *le Département du Nord*, commandé par l'enseigne de vaisseau Pagard. Ces deux bâtiments très légers devaient me servir à éclairer la côte et à correspondre au besoin avec les îles circonvoisines autant que je pourrais le faire, à cause de la présence des Anglais.

Dans la matinée du 16, un parti de brigands parut vers le bourg Saint-Carles pour reconnaître la place; quelques coups de canon les firent déguerpir. Peu d'instants après, on crut s'apercevoir qu'ils avaient commencé leurs travaux à droite et à gauche de la route de Sant-Yago.

Cependant le tableau de situation du magasin aux vivres, que j'ai eu l'honneur de faire passer sous les yeux de Votre Excellence, n'était pas assez satisfaisant pour ne pas me causer quelques inquiétudes, malgré les précautions que j'avais prises pour assurer mes subsistances. J'avais un marché passé avec le sieur Walton, négociant de Baltimore, pour mille barils de farine, et quelques objets d'habillement qui devaient arriver sous peu; et je devais recevoir, vers le 15 de germinal, un approvisionnement pareil par le capitaine aide-de-camp Bruce. Je crus néanmoins devoir assurer davantage mes ressources de comestibles, et pour cela je fis repartir le sieur Gazan pour Saint-Thomas, avec ordre de pousser jusqu'à la Guadeloupe si les magasins de Saint-Thomas se trouvaient démunis. J'envoyai, par la même occasion, M. le grand-juge Minuty près de M. le capitaine-général Ernouf pour lui exposer ma situation, solliciter des secours en vivres, et le prier d'envoyer croiser sur les côtes de Santo-Domingo les braves corsaires de la Guadeloupe, pour y détruire la marine des indigènes. Le bruit s'était répandu que les brigands attendaient des bâtiments armés en guerre, qui devaient servir à leur porter leur artillerie et leurs vivres.

Dans la même journée, on s'occupa, ainsi que les jours suivants, à améliorer et couvrir les postes les plus exposés. Il y eut pour cela une corvée journalière prise dans les milices à la disposition du commandant du génie.

Vers les huit heures du soir, les nègres allumèrent leurs boucans aux environs du bourg Saint-Carles, et à une heure après minuit, il y eut une fausse alerte au bastion Sainte-Barbe, d'où l'on fit une décharge de mousqueterie. Un instant après, deux patrouilles nombreuses d'ennemis se fusillèrent entre elles, dans la direction du bourg Saint-Carles, où un grand mouvement fut entendu toute la nuit.

Le 17 ventose au matin, une sentinelle placée à l'angle gauche de l'église Saint-Carles fit juger que les brigands s'y étaient établis. Cette église, qui n'est point voûtée, avait été conservée à dessein. J'avais espéré que les révoltés y établiraient un de leurs magasins à poudre, et je m'étais proposé de le faire sauter au moyen des bombes lancées du bastion la Conception ; mais ils n'eurent pas cette confiance, ils y ont établi depuis un simple corps-de-garde.

Le même jour, je fis arrêter et embarquer le sieur Gonzalès, Espagnol, ex-administrateur des domaines nationaux, et le juif Isaac, gens dangereux et de mauvais conseil. J'écrivis aussi à M. le capitaine de Caracas pour lui recommander les familles qui allaient se réfugier dans son gouvernement, et lui demander tous les secours qu'il était à même de m'envoyer.

La nuit fut fort tranquille, les brigands s'occupèrent seulement de leurs travaux. Le lendemain nous nous aperçûmes de la ruse qu'ils employaient la nuit pour mettre leurs travailleurs à l'abri de nos canons. Quelques hommes, cachés par quelque petite élévation, parlaient justement assez fort pour être entendus des remparts, donnant des coups de pioche, et ayant l'air de s'exciter fortement au travail,

pendant que, dans un autre endroit, ils poussaient leurs véritables travaux avec vigueur et
dans un grand silence; si bien qu'il nous devint
impossible, la nuit, de bien diriger notre feu et
d'empêcher leurs ouvrages.

Le 18 au matin, le chef de bataillon Lafiton
ayant visité les gibernes de sa troupe, y trouva
des cartouches qui, au lieu de poudre, ne con-
tenaient qu'un sable très fin, et il me les apporta. Cette découverte pouvait inspirer beaucoup de méfiance. Je fis faire sur toute la ligne
une inspection générale des cartouches déjà
distribuées, et le commandant d'artillerie fut
chargé d'aller sur-le-champ s'assurer s'il en existait de semblables dans les magasins de l'arsenal. Heureusement on n'en trouva point
d'autres.

A 2 heures après midi, une corvette anglaise
parut près de terre, à 3 lieues au vent, et une
goëlette américaine portant quelques salaisons,
entra dans le port peu de temps après.

Voulant enfin m'assurer quel était l'objet du
travail des nègres, et acquérir la certitude s'ils
s'étaient logés dans l'église de Saint-Carles, je fis
ouvrir la porte du Comte, vers les cinq heures
du soir, et je sortis moi-même avec trente hommes de la troupe de ligne et environ soixante

des milices. Les brigands, en petit nombre près de l'église, s'enfuirent après avoir fait quelques décharges ; mais nos hommes s'étant avancés au-delà de l'église, furent salués d'une fusillade bien nourrie, qui partit des retranchements qu'ils avaient déjà faits, en arrière de Bourg et sur sa droite. Quelques hommes des milices y furent légèrement blessés. L'église fut trouvée dans son état ordinaire.

La faiblesse du détachement et la nuit tombante ne permettant pas de pousser plus avant cette reconnaissance, je rentrai dans la place ; il n'y eut point d'alerte dans la nuit ; les brigands l'employèrent à continuer leurs travaux.

Le 19, l'on aperçut avec le jour, du haut de la tour de la Force et du dôme de Saint-François, un retranchement en ligne droite, de 17 à 18 grands gabions, que l'ennemi avait élevés pendant la nuit, sur une éminence de l'habitation *Le Prestre*, à 300 toises de la place ; on l'aperçut aussi faisant des rembardes à droite et à gauche du chemin qui conduit sur l'habitation Galindo, en avant du bastion Sainte-Barbe.

J'appris dans la journée que les brigands avaient traversé l'Ozama, à cinq lieues de Santo-Domingo, qu'un de leurs détachements occupait déjà le village de *La Mina*, et qu'un autre était arrivé sur l'habitation *Catagne*. Ils ne tardèrent pas à arriver de ce côté, sous la volée de nos canons, et ils s'établirent successivement avec des gabions, en face des murs de la ville qui leur étaient perpendiculaires, ainsi que sur l'habitation Esparsa, et enfin dans la *chapelle du Rosaire*.

Le même jour, le commandant de la corvette anglaise *le Fnake* m'envoya un parlementaire pour réclamer trente matelots anglais prisonniers. Je lui répondis, et lui offris de les lui rendre, aussitôt qu'il m'enverrait en échange le même nombre de soldats français blancs et bien portants ; j'avais distribué ces prisonniers dans les différentes batteries de la place, où on les employait comme servants. Ils étaient bien traités et servaient avec zèle.

J'employai une partie de la nuit à concerter avec le général de brigade Barquier, commandant la division, les moyens de faire une sortie fructueuse pour nous assurer la connaissance des points où les brigands s'étaient retranchés, et pour découvrir s'il n'y avait rien dans les environs qui pût nous faire croire à une attaque de leur part. il fut résolu que 400 hommes, dont 150 de la troupe de ligne, sortiraient pour cet objet dans la matinée du lendemain. Les brigands avaient employé toute la nuit à achever la ligne de gabions élevée sur l'habitation *Le Prestre*, et à terminer la seconde face de la flèche commencée sur le chemin de l'habitation Galindo.

En conséquence, le 20 ventose, à 7 heures du matin, la porte du Comte s'ouvrit, et 400 hommes sous les ordres du général Barquier se portèrent vivement sur l'église de Saint-Carles. Cette position élevée se trouva défendue par 600 grenadiers noirs, soutenus par les feux croisés de leurs retranchements placés à leur droite.

Quelques soldats des milices plièrent un moment à cette première charge, où le général Barquier fut grièvement blessé, et obligé de quitter le champ de bataille. Le chef d'escadron Aussenac les rallia, les reforma sous le feu de l'ennemi, et les ramena immédiatement sur lui au pas de charge et baïonnette en avant. L'ennemi voulut tenir, mais il lui en coûta cher. Cinquante de ces grenadiers et un de leurs chefs de bataillon tombèrent de suite sous les baïonnettes de nos intrépides grenadiers et carabiniers. Les Espagnols, conduits par le chef de bataillon Ruiz, poursuivirent aussi les brigands avec beaucoup d'audace. Chacun fit bien son devoir, et les troupes ne rentrèrent qu'après avoir rempli le but de la sortie. Nous eûmes dans cette affaire trois hommes des milices tués et vingt-cinq blessés. Je ne saurais trop faire l'éloge des troupes pour leur bonne conduite dans cette action, et particulièrement celui de M. le général Barquier ; je leur témoignai dans l'ordre du jour toute ma reconnaissance. Je dois tout vous dire, Monseigneur, et ne pas cacher à Votre Excellence que ces sorties avaient un but plus grand et plus essentiel que celui de simples reconnaissances, ou l'empêchement des travaux dont nous ne pouvions pas arrêter l'exécution. Mais il m'était extrêmement important de convaincre l'ennemi du dévouement des Espagnols, que j'aguerrissais en même temps par ces sortes d'affaires ; je lui apprenais à redouter la bravoure d'une garnison qui ne se contentait pas de l'attendre derrière ses murailles, mais qui allait le chercher et le combattre derrière ses retranchements ; et ceci devait beaucoup contribuer à le refroidir de tenter sur la place une attaque de vive force, qui, vu sa grande masse, aurait pu devenir dangereuse. Je réussis complétement dans cette vue. Cette assurance lui en imposa, et il en fut si intimidé, que lorsque Dessalines proposa l'assaut à son armée, pour tout terminer en un jour, il la décontenança tellement par cette offre, qu'il ne jugea pas à propos d'insister là-dessus davantage.

Une partie de la nuit nos batteries tirèrent sur les brigands, qui continuèrent leurs travaux avec une grande activité, et en commencèrent de nouveaux du côté opposé de la rivière, en face du château de Colomb, et de la batterie de don Diègue.

Le 21 ventose, je fis arrêter quelques nègres suspects ; et pendant la nuit, les brigands du côté opposé de la rivière tirèrent de derrière leurs rembardes sur les deux avisos qui étaient dans le port.

Le 22 ventose, à six heures du matin, les brigands retranchés du côté opposé de la rivière firent un très grand feu sur le poste de l'avancée du port et sur les deux avisos de l'État. Ils y blessèrent huit hommes et en tuèrent un sur le rempart. Les révoltés avaient établi leurs retranchements autour de la place avec beaucoup d'intelligence ; il n'y avait pas un seul point de la muraille, vu de flanc ou de revers, pas une rue découverte et dominée qui ne fût enfilée par une rembarde de gabions correspondante ; ce qui, par la suite, augmenta beaucoup le nombre de nos blessés.

Pour les inquiéter à leur tour, j'ordonnai
dans la même journée l'établissement d'une
pièce de 12 sur la tour de la Force, pour prendre en flanc les gabions établis sur l'habitation
Esparsa. Les avisos reçurent ordre de lever l'ancre, de descendre la rivière, et d'aller mouiller
en rade sous la volée de la batterie de l'arsenal,
où ils furent à l'abri de toute insulte, et je fis
installer un lieu propre au débarquement, sur
le bord de la mer, malgré l'escarpement de la
côte. Cette mesure rendant inutile le poste de
la Barrière, qui n'était que pour la protection
du port, dans lequel l'ennemi blessait journellement du monde, le découvrant de flanc et de
revers, je le fis rentrer dans l'intérieur de la
place, après avoir fait brûler les maisons qui
étaient sur la jetée, barricader et terrasser la
porte de la douane, et fait établir une pièce de
12 sur le bastion carré qui se trouve entre cette
porte et l'angle de la place, contre lequel est
appuyée la barrière de l'avancée du port.

Le même jour je fis exécuter les nègres arrêtés la veille, convaincus de crimes et d'intelligence avec les brigands.

Pour augmenter la sûreté des côtes voisines,
et pour m'assurer les subsistances nécessaires,
au moyen de la course contre les Américains qui

alimentent la partie de l'île occupée par les brigands, j'envoyai M. Gariscan à Puerto-Rico, avec une adresse aux armateurs et capitaines des corsaires français qui s'y trouvaient, pour les inviter de venir concourir à la défense de Santo-Domingo. Cette adresse est jointe sous le n° 4. J'écrivis à M. le gouverneur de cette île pour le prier de leur être favorable, afin que leur départ fût aussi prompt que possible. Les brigands continuèrent toute la nuit la ligne de leurs retranchements autour de la place.

Le 23 ventose, je fis élever le parapet de la courtine qui borde la rivière, avec des barils remplis de terre. Cette précaution fut prise dans toutes les parties trop basses du rempart. Les brigands firent jusqu'à midi leur feu accoutumé, et nous blessèrent quelques hommes.

Le nègre Jean-Philippe Daux vint reconnaître le bastion de Sainte-Barbe, de derrière la demi-lune en gabions, établie en face de ce bastion.

Ayant cru nécessaire, vu la grande consommation, de réduire la ration de pain de 12 onces, j'en donnai l'ordre dans la journée.

A neuf heures du soir, une goëlette espagnole arrivée à Puerto-Rico nous porta l'agréable nouvelle de l'arrivée d'une escadre française avec de grandes forces aux îles du Vent. Elle fut bientôt répandue dans la place, et comme chacun espéra que Santo-Domingo pouvait entrer pour quelque chose dans sa destination, cela doubla le courage et la confiance générale.

La nuit fut fort tranquille, et l'on s'aperçut le lendemain du grand travail des nègres, leur ligne de gabions s'étendant considérablement. Ils avaient aussi élevé deux ouvrages détachés en avant de celui de l'habitation Le Prestre.

Le 24 ventose, dès la pointe du jour jusqu'à midi, l'ennemi fit un feu très soutenu contre la place, et nous eûmes quelques hommes blessés.

Le chef de bataillon Fiard, commandant la réserve, mourut presque subitement d'une toux sèche, occasionnée par les poussières et les grandes fatigues du siége. Le chef d'escadron Aussenac le remplaça dans ce commandement.

L'ennemi avait conduit et échoué sur le rivage et sous le feu de ses retranchements, et je ne sais dans quel dessein, une grande chaloupe qu'il avait trouvée sur la rivière, à quelques lieues de Santo-Domingo. Il était prudent de ne pas la laisser à sa disposition; mais il était difficile de trouver un nageur hardi qui voulût aller la chercher.

Dans la nuit du 24 au 25 ventose, un chasseur de la cinquième légère, nommé *Simon Mialle*, se présenta au lieutenant Daran, commandant du poste où il se trouvait, et lui demanda la permission de tenter cette hasardeuse entreprise. Elle lui fut accordée; et sous les yeux de son commandant et de ses camarades, malgré le risque éminent d'être pris ou tué, armé d'un simple couteau, et muni d'une corde, il traversa la rivière, mit la chaloupe à flot, l'amarra à sa corde, et l'amena toujours nageant sous les murailles de la place. L'ennemi tira sur lui, mais il ne fut pas atteint. Ce trait, qui annonce beaucoup de sang-froid et un grand courage, a été jugé digne, Monseigneur, de vous être rapporté, pour que Votre Eminence obtienne à ce brave homme une récompense d'honneur qui lui est déjà adjugée par l'admiration générale. Ce fait est constaté par la pièce jointe sous le n° 5.

Le 25 ventose, les brigands firent un très grand feu sur la place, et enfilaient de leurs rembardes un très grand nombre de rues.

Les travaux des révoltés semblant annoncer qu'ils attendaient de l'artillerie, je donnai l'ordre à l'enseigne de vaisseau *Pagard* de partir de suite sur l'aviso le *Département du Nord*, et

d'aller visiter toutes les anses, baies et embar-
cadères de la côte sous le vent, jusque dans la
baie d'Ocoa inclusivement, avec les précautions nécessaires pour n'être pas surpris par
les Anglais, afin de s'assurer si les nègres y
avaient de l'artillerie et des embarcations, avec
injonction de les détruire.

J'eus aussi l'intention d'envoyer par mer le
cnef de brigade don Juan Baron, avec le sieur
Daumas, à l'embouchure du Soco, pour de là
se rendre à Seybo, en réunir les habitants ar
més, et venir avec eux attaquer les brigands retranchés sur le côté opposé de la rivière dont la
mousqueterie nous incommodait infiniment.
Cependant comme j'aperçus que le départ de
cet officier affectait les milices, ce projet resta
sans exécution.

Vers le soir, il courut une rumeur que la
place devait être la nuit même assaillie par
l'ennemi, ce qui augmenta la surveillance et
les précautions accoutumées.

Depuis sept heures du soir, jusqu'à dix heures, les brigands firent un feu roulant sur la
place.

Le 26 au matin, le feu des brigands ne fut
pas aussi vif. A sept heures du matin, l'enseigne
de vaisseau Pagard, qui était rentré dans la

nuit, ayant pris dans sa route une barge anglaise montée par un midshipman et 4 matelots appartenant au brick de guerre *le Racoom*, qui croise ordinairement dans les parages de Santo-Domingo, vint me faire son rapport, accompagné du midshipman. Je fus bien aise de faire subir un interrogatoire séparé à cet officier et à ses hommes. Le bruit avait couru que les Anglais devaient porter par mer l'artillerie des brigands jusqu'à la plage d'Ocoa, et je désirais m'assurer si c'était véritable. Leurs dépositions particulières furent très conformes, et je demeurai convaincu de la fausseté de cette imputation. Ces quatre matelots furent répartis de suite comme servants dans les différentes batteries de la place.

Toute la nuit, nous inquiétâmes beaucoup l'ennemi par les bombes que nous lui envoyâmes des bastions la Conception et Sainte-Barbe.

Le 27 ventose, à six heures du matin, les Noirs nous adressèrent une vive fusillade qui dura jusqu'à dix heures.

Pendant la nuit, ils avaient augmenté de beaucoup leurs ouvrages en gabions autour de l'habitation Esparsa.

Une goëlette de Sainte-Croix arriva dans la même journée, qui nous confirma la nouvelle de la présence d'une escadre française aux îles du Vent, nous assurant l'avoir rencontrée à la hauteur de Tortole, occupée à rançonner toutes les îles anglaises, ce qui réjouit beaucoup la garnison.

Dans la nuit du 27, les brigands avancèrent deux rembardes de gabions à l'épreuve de 24, à 60 toises des faces du bastion Sainte-Barbe : ces deux ouvrages nous inquiétèrent beaucoup. Des Nègres, bons tireurs, y étaient sans cesse à l'affût de nos canonniers, et tâchaient ainsi de neutraliser ce bastion infiniment imposant. Nous y eûmes quelques hommes blessés, et nous prîmes bientôt notre revanche au moyen des pierres que nous leur jetâmes avec le mortier qui est dans ce bastion.

Le 28, dès six heures du matin, les brigands du côté opposé de l'Ozama firent une fusillade plus vive que de coutume, et blessèrent plusieurs personnes dans la ville. La pièce de canon établie sur la plate-forme de la tour, après avoir criblé l'habitation Esparsa, les força d'abandonner leurs gabions, et ils se bornèrent à se retrancher, sur ce point-là, dans la chapelle du Rosaire, qui n'offrait pas autant de prise à la pièce de la tour, mais qui néanmoins était battue par la batterie de don Diègue.

Les ouvrages que les brigands avaient multipliés en avant du bastion de Sainte-Barbe, dont les courtines étaient vues de flanc et à revers des ouvrages ennemis du côté opposé de l'Ozama, m'ayant fait présumer que leur intention était d'effectuer une attaque sur ce point, j'en fis augmenter la défense en troupes et en ouvrages en charpente, les seuls qui fussent à ma disposition.

Une barge arrivée de Soco m'apporta le même jour une lettre de M. Castro, commandant l'arrondissement de Seybo. Il m'annonçait qu'il avait réuni quelques habitants, et il demandait des secours en armes et munitions. Je lui envoyai par la barge *le Tigre* 1,500 cartouches, et des instructions pour sa conduite particulière.

Il n'y eut rien de nouveau dans la journée du 29.

Le 30, nous aperçûmes que les brigands avaient établi une ligne de gabions dont une des extrémités coupait la route du fort Saint-Jérôme, à 200 toises de la place. Ils avaient aussi, par le même moyen, coupé le chemin de la fontaine de Christophe Colomb, le long de la rivière, à 150 toises de la barrière du port, et avaient soutenu cette coupure par un retranchement placé à pic sur un plateau élevé de 25 pieds au-dessus du niveau de la rivière.

Une goëlette arrivée le matin de Mayaquez, île de Puerto-Rico, nous renouvela la confirmation d'une escadre française à la hauteur de Tortole, et nous instruisit en même temps du pillage et des mauvais traitements que les croiseurs anglais de la marine royale avaient exercés sur les malheureuses familles parties de Santo-Domingo pour se réfugier dans les îles voisines.

Les brigands travaillaient toute la nuit dans la direction de la porte du Comte, au-delà du cimetière. Vers minuit, un de leurs détachements partant des gabions passa à une portée de pistolet de la courtine de droite du bastion Sainte-Barbe, dans le chemin descendant à la barrière du port. On fit feu sur lui de la courtine et du bastion, et on lui blessa plusieurs hommes. Un d'entre eux, sans doute plus grièvement blessé que les autres, fut jeté dans la rivière par ses camarades.

Le 1ᵉʳ germinal, j'envoyai de nouveau *le Département du Nord* dans la baie d'Ocoa, pour s'assurer si les brigands correspondaient par mer avec la partie française, et pouvaient par cette voie recevoir du canon.

Convaincu de la nécessité de fortifier l'angle formé par la courtine de Sainte-Barbe et celle qui borde la rivière, j'ordonnai au commandant du génie de faire terrasser fortement cet angle à la hauteur nécessaire pour y recevoir une pièce de canon de gros calibre, et pouvoir ouvrir dans le mur une légère embrasure.

Un brick venant de Saint-Thomas, portant 3o barils de farine, nous confirma encore la nouvelle de l'arrivée d'une escadre française aux îles du Vent. Mais on crut difficilement ce qu'il ajouta, que cette escadre était en route pour aller reprendre Surinam.

Trois coups de canon furent entendus en mer sur le soir, et deux grands bâtiments aperçus à l'horizon au vent.

Nous eûmes dans la journée un officier et quelques hommes de blessés dans la place.

A l'entrée de la nuit, le lieutenant Daram sortit des murailles avec 25 hommes, et fut chercher sous la courtine du bastion Sainte-Barbe les gabions vides que les brigands y avaient laissés la veille.

Le 2 germinal au matin, on s'aperçut que l'ennemi avait élevé une ligne de gabions derrière le cimetière, entre l'église de Saint-Carles et le retranchement de la route du fort Saint-

Jérôme, à 150 toises de la porte du Comte. Ses ouvrages offrirent alors une ligne de retranchements bien dessinée qui entourait la place, et à l'abri de notre plus fort calibre.

Une goëlette arriva de Mayaguez, le même jour qui confirma aussi la nouvelle touchant l'escadre française. Elle ajouta de plus que la Jamaïque était en son pouvoir.

Quelques arbres en avant du fort Saint-Gilles, gardé par la compagnie administrative, gênant l'effet de la batterie de ce fort, à midi, je fis ouvrir la porte de la Savane; la compagnie administrative sortit et fut se mettre en bataille dans la savane, en avant de ces arbres, pour couvrir les ouvriers qui les coupaient. L'ennemi chercha à s'y opposer, et fit feu sur cette compagnie, qui lui riposta vivement. Le travail fini, la compagnie rentra après avoir fait la plus belle contenance.

Vers les six heures du soir, on lança du bastion Sainte-Barbe beaucoup de pierres derrière les rembardes des brigands les plus voisines, et il paraît qu'elles leur firent beaucoup de mal.

Les Nègres travaillèrent toute la nuit sur la route du fort Saint-Jérôme, et ils abandonnèrent leurs gabions placés à 60 toises du bastion Sainte-Barbe, pour en élever d'autres un peu plus éloignés et plus avantageusement placés pour eux. Vers les trois heures du matin, on crut apercevoir une fusée lancée du côté opposé de la rivière.

Le 3 germinal au matin, les brigands firent feu de la chapelle du Rosaire avec une mauvaise pièce de 2 en fer étourillonné, et ils s'en servirent deux jours en la chargeant de biscaïens.

L'aviso *le Département du Nord* mouilla en rade de très grand matin ; il s'était assuré que dans la baie d'Ocoa il n'y avait que le brick de guerre anglais *le Racoon*, et point de barges de brigands.

L'ennemi avait élevé pendant la nuit une rembarde en face de la courtine de Sainte-Barbe, à la rivière, et de ce poste élevé, il enfilait tout le parapet de la muraille de la rivière et la rue qui borde cette muraille. J'ordonnai des traverses qui abritèrent le parapet et la rue. Nous eûmes quelques blessés dans les différents postes.

A cinq heures du soir, l'enseigne de vaisseau Dufresne, que j'avais envoyé à Soco, le 28 ventose, mouilla en rade, et se rendit de suite auprès de moi, ayant avec lui M. de Castro, commandant de Seybo, ce qui me causa quelque

surprise. M. de Castro m'annonça que M. Lucas
Uquerque, commandant de quelques arrondis-
sements du département de l'Ozama, ayant reçu
l'injonction de Dessalines, jointe sous le n° 5,
cet homme âgé et faible, craignant pour sa vie
et ses propriétés, avait employé son influence à
dissoudre le rassemblement formé par M. de
Castro ; qu'il y avait réussi, et obéi en tout
point à Dessalines, qui lui envoya un de ses adju-
dants-généraux nommé Lamothe pour fixer les
contributions à fournir ; et que lui, M. de Castro, craignant pour ses jours, s'était embarqué
pour se rendre à Santo-Domingo. Il me remit
une lettre du chef d'escadron Laferrière-Dorly,
commandant de Samana, où tout était tranquille et dans les meilleures dispositions de défense. J'appris par M. de Castro les cruautés
inouïes et toutes les horreurs que les brigands
se permettaient dans tous les pays qu'ils occupaient, violant les femmes et les plus jeunes
filles, tuant ou mutilant les hommes, enlevant
les esclaves, emmenant les animaux, brûlant et
détruisant les habitations.

Le 4 germinal, à midi, arriva un bateau de
Saint-Thomas, commandé par le brave capitaine Cotin, vieux corsaire français, qui, par sa
conduite à la guerre contre les Anglais, mérita,

il y a vingt-cinq ans, une épée et une pension du gouvernement. Il m'assura la présence d'une escadre française aux îles du Vent, et ajouta qu'une autre escadre sous les ordres de M. l'amiral Gantheaume était partie de Brest pour aller prendre la Jamaïque. En raison de toutes ces bonnes nouvelles, je fis tirer une salve de treize coups de canon au bastion la Conception, qui fut répondue dans la rade par la pièce de 16 qui arme l'aviso *l'Amitié*. Ce signe de réjouissance parut inquiéter un instant l'ennemi.

Le capitaine Cotin m'apprit que le sieur Gazan était arrivé à Saint-Thomas, et que, par la protection du gouverneur de cette île, il devait sous peu de jours m'expédier des farines.

Sur le soir, les brigands tirèrent beaucoup sur la place de toutes leurs lignes à la fois, et ils nous blessèrent quelques hommes Nous les incommodâmes beaucoup à notre tour avec les bombes et les pierres que nous leur envoyâmes derrière leurs rembardes. A neuf heures du soir, ils lancèrent trois fusées vers le fort Saint-Jérôme; et dans le même temps, ils paraissaient beaucoup travailler au-dessus du cimetière, à 150 toises de la porte du Comte.

Le 5, à 7 heures du matin, les brigands

firent un feu très vif sur la place dans toute l'étendue de leur ligne, et vers les neuf heures, une reconnaissance de leurs chefs vint en-deçà de Saint-Carles, en face du bastion Saint-Lazare, qui leur tira un coup de canon de 16 à mitraille, qui porta à plein fouet au milieu d'eux, et qui dut leur faire un grand mal; ils disparurent de suite.

Vers midi, un brick espagnol venant de Mayaguez, m'apporta une lettre du lieutenant-adjoint Roumieu, qui m'annonçait qu'on venait d'apprendre à Mayaguez, de Saint-Thomas, qu'une escadre française était arrivée dans ce dernier port, d'où elle se proposait de faire voile pour Santo-Domingo, et d'y mettre à terre quatre mille hommes de débarquement.

Trois heures après, une goëlette américaine, arrivée de Saint-Thomas, ayant une courte traversée, détruisit cette nouvelle, et nous dit qu'à son départ on croyait l'escadre française à la Guadeloupe.

A cinq heures de l'après-midi, le brick de guerre anglais *le Racoon*, capitaine Gordon, celui qui s'est le plus distingué dans le pillage horrible des familles de Santo-Domingo, qui se réfugiaient à Puerto-Rico, a paru un instant dans le port.

L'ennemi avait beaucoup tiré dans la journée

A dix heures du soir, les brigands dansèrent leur calenda au bruit de leurs tam-tams, dans tous leurs postes.

Trois ou quatre incendies considérables furent aperçus en même temps dans la direction de Monte-Grande.

A onze heures et demie, quatre fusées furent lancées sur le fort Saint-Jérôme, et on y répondit par deux feux du côté opposé de l'Ozama ; nous fûmes pleins de vigilance.

A minuit, deux cavaliers furent entendus arriver au galop derrière les rembardes du fort Saint-Jérôme; on y parla haut et long-temps, et après le départ de ces mêmes cavaliers, un grand mouvement fut remarqué derrière cette ligne. La nuit cependant fut tranquille, l'ennemi ne continua pas ses travaux. Les incendies précipités, le mouvement qui venait d'avoir lieu, la tranquillité présente, tout nous portait à croire qu'il pensait à se retirer.

Le 6 germinal, au matin, l'ennemi tira très peu.

A onze heures, deux généraux nègres parurent à la chapelle du Rosaire, et sur l'habitation Esparsa. On crut entendre un instant de ce côté des cris de personnes qu'on égorge.

A trois heures et demie de l'après midi, la cloche d'avertissement de la tour de la Force annonça dix bâtiments à la fois. Je n'eus alors aucun doute que ce ne fût l'escadre française. La joie fut générale. Une heure après, l'escadre était si apparente qu'on ne pouvait pas s'y tromper. Elle marchait en ordre de bataille, faisant voile sur le port. Elle était aussi aperçue de tous les postes des brigands.

Je crus en même temps apercevoir beaucoup de mouvement dans leurs lignes, et comme je ne doutais pas que l'apparition subite de cette escadre ne dût leur causer beaucoup de trouble et d'irrésolution, je voulus en profiter pour tâcher de les décider à un mouvement rétrograde qui entraînerait la levée du siége en les assaillant vigoureusement. En conséquence, j'ordonnai au chef de brigade Baron de se tenir prêt à marcher pour cinq heures de l'après-midi avec 450 hommes pour pénétrer à la gauche des retranchements ennemis, au dessous de l'église de Saint-Carles, afin de se réunir derrière ces mêmes retranchements avec le chef d'escadron Aussenac. qui, avec 150 hommes, les attaquerait par leur droite; et, là, balayer ensemble tout ce qui s'opposerait à eux. A cinq heures précises, les portes du Comte et de la Savane furent ouvertes. Le chef de brigade Baron, ayant sous lui le chef de bataillon Coillot, de la 89ᵉ, sortit par la première, le chef d'escadron Aussenac suivi du chef de bataillon Rinz par la seconde, les troupes de ligne formant la tête des deux colonnes. Le commandant Baron se dirigea sur la position de Saint-Carles, où l'ennemi fit filer un corps considérable de troupes, et, au lieu de prendre sur la gauche pour attaquer les retranchements indiqués, il s'attacha mal à propos à l'attaque de l'église, dont la place était retranchée et fortement défendue, ce qui l'engagea dans une fusillade longue et très vive. Dans le même temps, le chef d'escadron Aussenac, en prolongeant la mer, s'était porté brusquement sur le flanc droit de la ligne des gabions, appuyé sur la route du fort Saint-Jérôme, y avait pénétré malgré la plus forte résistance des brigands qui le défendaient, et après une affaire très contestée, où il les chargea plusieurs fois à la baïonnette, il les força d'abandonner cette partie de leurs retranchements et de se disperser dans les bois. Cependant depuis une heure le chef de brigade Baron continuait et soutenait de pied ferme une fusillade terrible ; il était soutenu par l'artillerie de la place, partout où elle pouvait jouer sans préjudicier à nos troupes ; et, au milieu de ce bruit formidable, ce fut un spectacle bien imposant de voir en même temps, à 100 toises du fort Saint-Giles, en face des points où l'on combattait, toute l'escadre de M. le contre-amiral Missiessi être témoin de cette sortie glorieuse. Enfin, au moment où le commandant Baron sentait la nécessité de cesser son feu et de porter sa troupe sur l'ennemi ; il reçut une balle dans la poitrine, dont il mourut quelques instants après. Le chef de bataillon Coillot qui commandait sous lui, déjà blessé, et le jour qui finissait, me décidèrent à ordonner la retraite, et les deux colonnes rentrèrent après avoir prouvé à l'ennemi combien il lui serait difficile de venir à bout d'hommes aussi fermes et aussi résolus. Sa perte dut être fort considérable sur les deux points d'attaque. La nôtre fut de 10 hommes tués, y compris le chef de brigade Baron et le capitaine Carrier, commandant les grenadiers de la 110me ; nous eûmes aussi 45 blessés. Dans cette sortie on a enlevé à l'ennemi un drapeau, des armes, et 5 caissons.

A huit heures du soir, je reçus les paquets de M. le contre-amiral Missiessy et de M. le général en chef La Grange , qui m'annonçaient devoir , le lendemain , jeter dans la place des secours en hommes et en munitions.

La nuit fut fort tranquille. L'escadre louvoya continuellement devant la rade.

Le 7 germinal au matin, les brigands tirèrent très peu. Vers les huit heures, M. le général en chef La Grange, M. le général Claparède et leur état-major descendirent à terre. Je me fis un plaisir de les promener autour de la place et de leur procurer un coup d'œil des ouvrages de l'ennemi. Cela fait, ils regagnèrent l'escadre, qui devait continuer sa route le soir même.

Dans la matinée, M. l'amiral fit débarquer le 2ᵉ bataillon de la légion du Midi , fort de 500 hommes ; 550 quintaux de farine ou biscuit, 20 milliers de poudre, 1640 boulets de 24, 12 et 8, 810 boîtes à mitrailles des mêmes calibres , 500 fusils, 50,000 cartouches , et 10,888 francs en or coupé. J'eus l'honneur d'en prévenir Votre Excellence, dans ma lettre en date du 7 germinal, dont le général La Grange a bien voulu se charger.

Dans la journée j'écrivis à M. l'amiral pour le prier, avant de faire route, d'avoir l'air, jusqu'à la nuit, de descendre sous le vent avec toute son escadre, afin que l'ennemi ignorant son dessein, en pût concevoir des inquiétudes pour la partie française, ce qui pouvait l'obliger à détacher une partie de ses forces, Dessalines ayant marché avec toutes celles qu'il avait à sa disposition.

Dans la journée on avait aperçu beaucoup d'incendies dans les campagnes.

A sept heures du soir l'ennemi nous occupa sur nos murs par une très vive fusillade, à laquelle nous répondîmes chaudement. Il eut même l'air de vouloir entreprendre quelque chose sur la place; mais quelques colonnes qui cherchaient à déboucher furent dispersées par notre artillerie : nous eûmes quelques hommes blessés. A neuf heures tout fut tranquille, mais l'obscurité de la nuit nous dévoila tous les incendies qui dévoraient les campagnes.

Dans la nuit on n'entendit rien dans les retranchements ennemis. Il régna partout le plus profond silence. Nous en augurâmes la retraite des brigands.

Le 8 germinal à six heures du matin, nos soupçons de la veille se trouvèrent fondés. Un jeune homme de couleur, nommé Sterling, sous-officier dans la légion coloniale, qu'on avait cru tué, le 8 ventose, à l'affaire de Puerto, parut à la porte du Comte, demandant à entrer dans la place et annonçant le départ des brigands. Je commandai qu'on le fît entrer et qu'on me l'amenât. Il me raconta comment Dessalines lui avait fait grâce de la vie, et l'avait fait entrer dans ses guides, et qu'ayant à ce titre toujours resté à son quartier-général, il était parfaitement instruit de ce qui s'était passé pendant le siége, à l'extérieur de la place. Il rapporta que les forces de Dessalines devant Santo-Domingo consistaient en 31 demi-brigades d'infanterie et 3 régiments de cavalerie, faisant en tout 18,000 hommes, y compris les 8,000 que Christophe commandait de l'autre côté de l'Osama; qu'il avait avec lui tous ses généraux et toute son armée, ce qui, dans mon opinion, était très vraisemblable, ce barbare étant trop méfiant et trop jaloux pour avoir laissé derrière lui un général et des troupes qui, dans un grand éloignement, n'auraient cessé de lui donner beaucoup d'ombrage. Ce légionnaire ajouta que les brigands avaient eu 600 hommes tués pendant les 22 jours qu'ils avaient été devant la place, et à peu près 1,300 blessés qu'ils avaient fait partir quelques jours auparavant pour la partie française, sans compter tous ceux que les Espagnols avaient tués dans les bois, quand ils s'écartaient du corps de l'armée pour aller piller les campagnes. Il nous apprit que Dessalines, le jour de la dernière sortie, avait pris l'escadre française pour des vaisseaux anglais qui venaient me sommer d'évacuer la place, ce qui le détermina à tenir ferme, et que ce ne fut que le lendemain qu'il demeura convaincu de la vérité en voyant débarquer des soldats, des armes et des munitions; que voyant la place secourue, il perdit courage et ordonna la retraite de son armée, qui commença la veille, de onze heures à minuit, sa colonne par la route d'Arna, et celle de Christophe par Sant-Yago. Il assura en partant qu'il reviendrait bientôt avec des moyens de réussite.

Je ne voulus pas manquer la belle occasion qu'il m'offrait en se retirant par Arna, et me doutant bien qu'une de ses colonnes passerait le long de la plage de la baie d'Ocoa, j'y envoyai de suite l'aviso *le Département du Nord*, s'embosser à quelques encâblures du rivage pour y mitrailler les brigands aussitôt qu'ils s'y présenteraient. Mon espérance ne fut pas trompée Le 10, à 7 heures du matin, une colonne de Noirs s'engagea dans le sentier de la plage; et la pièce de 12 du *Département du Nord* joua si heureusement, qu'elle lui tua beaucoup d'hommes, la força de rétrograder et d'abandonner plus de 600 animaux et le pillage qu'elle emmenait et emportait avec elle.

A 2 heures, je fis sortir des détachements de dragons pour reconnaître à une lieue de la place, les routes d'Arna, de Saint-Yago, et le chemin de l'habitation Galindo. Après leur rapport, qui confirma pleinement la retraite des brigands, 1,200 Espagnols des milices sortirent pour aller renverser les gabions de leurs retranchements. Nous fûmes alors à même de juger de la force de leurs ouvrages et de l'étonnante célérité avec laquelle ils les avaient terminés. Chacun de ces gabions avait 6 pieds de haut, et par la base 4 pieds 1/2 de diamètre, chaque ligne ayant 3 gabions d'épaisseur, et jusqu'à 5 dans les endroits les plus exposés à notre artillerie.

L'ennemi était en pleine retraite, Monseigneur, et de plus, il la faisait avec peu d'ordre, ce qui me fit regretter davantage les moyens qui me manquaient pour aller à sa poursuite et pour le détruire en partie. Mais me trouvant sans cavalerie, ayant été obligé dès le commencement du siége de mettre hors de la ville plus de 500 chevaux par défaut de fourrage et de pâture, et n'ayant pu conserver plus de 56 dragons montés, dont les chevaux étaient exténués par les fatigues et la misère, je vis avec chagrin s'échapper une occasion qui préparait à l'ennemi une dispersion assurée, et par conséquent, les pertes les plus graves.

Il arriva dans la journée une goëlette de Saint Thomas, portant 120 barils de farine.

A 6 heures du soir, les travailleurs étant rentrés, les portes de la place furent fermées, et l'on passa la nuit au rempart comme de coutume.

Le 9 et le 10 germinal au matin, j'envoyai des reconnaissances à 8 et 10 lieues sur toutes les routes, et par leur rapport il ne me resta aucun doute sur la véritable retraite des brigands, qui la firent même un peu précipitée, poursuivis par je ne sais quelle terreur panique. Les Espagnols cachés dans les bois leur tombèrent dessus toutes les fois qu'ils le purent avec avantage. Il en resta plus de 200 dans les boues du Pignal. Toutefois, je n'eus qu'à gémir sur les atrocités de tout genre qu'ils commirent en se retirant ; leurs traces n'étaient marquées que par des massacres et des incendies. Aucun forfait ne leur a coûté. Ils appelaient les habitants avec des paroles de paix, pour les sacrifier plus sûrement à leur rage

Dessalines, dans sa retraite fit prévenir les

habitants de Saint-Jean de Neyba que, maître de Santo-Domingo, il s'en retournait dans la partie française, et que, dans sa route, il serait bien aise de les passer en revue, et de leur donner des preuves de son attachement. Ces crédules habitants obéirent, ils quittèrent leurs bois, et vinrent se livrer à la mort. Dès qu'ils furent rassemblés, on les enferma dans leur église ; là, on les fit sortir deux à deux, et on les massacra à la porte. Christophe en fit autant aux habitants de Cotuy, trompés par leur curé, qui, traître au gouvernement, avait cherché à pousser ses paroissiens dans la même trahison.

Dessalines fit brûler le bourg de Bany, d'Arna, de Neyba de Saint-Jean ; Christophe, ceux du Cotuy, de la Véja, et fit démolir la ville de Saint-Yago.

Voilà, Monseigneur, les monstres que la justice de l'empire français doit poursuivre et anéantir jusqu'au dernier, si son intention est de restaurer jamais cette magnifique colonie.

La journée du 11, ainsi que les précédentes, furent employées par les milices à détruire les ouvrages des brigands autour de la place.

Le 12, à neuf heures du matin, un *Te Deum* fut chanté dans la cathédrale par le grand-vicaire, M. Prado, assisté par tout le clergé de la ville.

Les autorités civiles et militaires, et des détachements de tous les corps de ligne et des milices y assistèrent.

21 coups de canon furent tirés à la porte de l'église; la batterie de l'arsenal, sur la mer, les répéta. Un discours analogue à la dignité du jour fut prononcé par M. Ruiz, curé de Sainte-Barbe.

La cérémonie fut terminée par le *Salvum fac imperatorem*.

Le 13, à cinq heures du soir, je passai en revue le bataillon des milices de l'extérieur. Je le remerciai de sa bonne conduite pendant le siége et des marques de dévouement qu'il avait données au gouvernement, espérant bien que ce ne serait pas les dernières. Je délivrai à chacun des hommes qui le composaient un certificat honorable de conduite, renfermant une preuve de reconnaissance qui, j'ose espérer, sera confirmée par Sa Majesté Impériale.

Le modèle de ce certificat est joint sous le nº 6. Je licenciai ensuite ces braves gens, en les exhortant à retourner de suite chez eux, et à s'y livrer avec activité aux travaux de la campagne.

Le même jour, j'écrivis une circulaire à **tous** les commandants d'arrondissement, dont copie est jointe sous le n° 7, dans laquelle je leur donne les instructions nécessaires pour rétablir l'ordre et la police dans leurs quartiers, ainsi que pour y faire reprendre de suite les travaux accoutumés.

Le sieur Gaillard, médecin de Clairvaux, que les nègres avaient retenu lors de l'évacuation du Cap, et que Clairvaux avait amené avec lui au siége de Santo-Domingo, trouva le moyen de s'échapper pendant la retraite des brigands, et arriva dans la place le 14. Il confirma que Dessalines avait avec lui 18,000 hommes armés, qu'il avait eu 6 à 700 hommes tués devant Santo-Domingo, et 12 à 1,300 blessés; que tous les généraux nègres ou mulâtres avaient assisté au siége; que Christophe, ayant sous lui Clervaux, commandait le côté opposé de l'Ozama; Jean-Philippe Daux, la ligne en face du nord de la place; Péthion, la ligne de la face ouest, et que Gabard commandait en chef sous Dessalines campé à Gabard avec 3,000 grenadiers d'élite. Il m'assura que Clairvaux était plus exagéré dans sa haine contre les blancs et plus féroce que Dessalines même; que lorsque l'escadre française fit son apparition le

6 germinal, les brigands la prirent pour une escadre anglaise qui venait offrir ses vaisseaux à la garnison pour évacuer, et qu'ils ne furent détrompés que le lendemain par le débarquement des troupes et des munitions; qu'alors Dessalines assembla ses généraux, et leur ordonna la retraite en leur disant que rien ne les forçait à lever le siége, mais qu'il avait besoin de conserver ses soldats pour un autre temps. Il m'apprit aussi que leur projet, si la ville avait capitulé, était d'accorder sans réserve tous les articles demandés; mais une fois introduits dans les murs, d'en massacrer tout le monde sans distinction. Leur armée devait ensuite se retirer, excepté Clairvaux et les hommes nécessaires pour la démolition entière de la place, pour le massacre des Espagnols blancs ou libres des campagnes, et pour amener ensuite dans la partie française le reste des esclaves et des animaux.

M. Gaillard me détailla toutes les cruautés que les nègres avaient exercées dans les campagnes, et il me parla du mécontentement d'une portion des nègres pour le gouvernement de Dessalines et de la jalousie de ce chef contre Christophe, qui, de son plein gré, fait souvent des largesses aux troupes sous ses ordres. Il ajouta qu'avant leur départ de la partie française pour Santo-Domingo, le mulâtre, ancien général de brigade Martial Besse, amenant avec lui une compagnie d'ouvriers, était arrivé au Cap et s'était présenté à Dessalines, lui offrant de lui confectionner, avec les moyens locaux seulement, un millier de poudre par jour; que les Américains vont sans cesse aux besoins de tous les noirs, trafiquant avec eux à main armée; ce qui est confirmé par une lettre de M. Laferrière Dorly, commandant de Samana, en date du 16 mars, où il m'annouce que le corsaire français *l'Heureuse Rencontre* lui a déclaré avoir rencontré un convoi américain de 14 voiles sortant du Port-au-Prince, tous armés et escortés par de grands bâtiments fortement armés. Le sieur Gaillard me dénonça un Français nommé Bunel qui, sous Toussaint, eut l'infamie d'épouser une négresse, et qui est aujourd'hui, à Philadelphie, l'agent public de Dessalines, faisant ses commissions, l'instruisant à temps des opérations du gouvernement français, et l'excitant à se maintenir dans sa révolte.

Tels sont, Monseigneur, les détails sans doute un peu longs d'un événement trop important pour la colonie de Saint-Domingue, pour que Votre Excellence ne les lise pas avec intérêt, et que les troupes sous mon commandement n'en reçoivent pas de marques de sa satisfaction personnelle. Il n'y a pas un seul corps, pas un soldat, pas un officier, n'importe de quelle arme, dont je n'aie infiniment à me louer. La joie d'un pareil succès est cependant un peu troublée par la perte des braves qui ont péri en combattant pour les intérêts de leur pays ; et toute l'armée a payé un tribut de larmes à ces hommes courageux et dévoués qui ont répandu un grand éclat sur leur dernier jour, et qui auraient ajouté, s'il était possible, à la gloire et à la réputation des corps auxquels ils appartenaient. Nous avons eu 52 hommes tués et 113 blessés. Parmi les premiers sont le chef de brigade don Juan Baron ; le chef de bataillon Coillot ; Carrier, capitaine des grenadiers de la 110ᵉ ; Lenoir, sous-lieutenant de la légion du Cap ; le chef de bataillon Fiard est mort des suites des fatigues du siége ; et, à toutes ces pertes, je puis ajouter celle du capitaine de frégate Lacroix, mort quelques jours avant l'arrivée de l'ennemi, d'une infirmité que son zèle pour le service lui avait fait négliger. Je ne puis encore faire connaître le nombre des hommes tués dans les campagnes ; mais parmi ceux-là, il m'est impossible de ne pas rappeler à la suite de tant de braves, le chef de brigade Serapio de l'Orve, tué en avant de Sant-Yago; et le chef de bataillon Wiet, tué à l'affaire du Puerto, en avant d'Arna. L'armée a donc perdu en très peu de temps six officiers supérieurs.

Présentez, Monseigneur, cet acte de notre dévouement et de notre fortune militaire à celui qui règne aujourd'hui si glorieusement sur les Français. L'armée française se glorifiera, s'il daigne applaudir à sa conduite. Il est bien flatteur pour moi, en lui faisant parvenir, par M. le capitaine aide-de-camp Casset, les félicitations du peuple et de l'armée sur son heureux avénement à l'empire, de pouvoir y joindre pour bouquet un succès mémorable, comme s'il n'y avait que des victoires qui eussent le droit de s'allier avec le nom d'un héros aussi illustre, et d'un monarque aussi puissant qui a créé un nouveau siècle.

Monseigneur, j'ai l'honneur, etc.

Signé FERRAND.

FIN DU PREMIER VOLUME.